A civilização da pobreza

Francisco de Aquino Júnior
Martin Maier
Rodolfo Cardenal
(orgs.)

A civilização da pobreza

O legado de Ignacio Ellacuría para o mundo de hoje

Dados Internacionais de Catalogação na Publicação (CIP)
(Câmara Brasileira do Livro, SP, Brasil)

A civilização da pobreza : o legado de Ignacio Ellacuría para o mundo de hoje / Francisco de Aquino Júnior, Martin Maier, Rodolfo Cardenal (orgs.). – São Paulo : Paulinas, 2014. – (Coleção teorama)

ISBN 978-85-356-3839-4

1. Ellacuría, Ignacio, 1930-1989 2. Ética 3. Filósofos - Espanha 4. Igreja e pobres 5. Teologia da libertação I. Aquino Júnior, Francisco. II. Maier, Martin. III. Cardenal, Rodolfo. IV. Série.

14-10240   CDD-261.834569

Índice para catálogo sistemático:
1. Opção pelos pobres : Igreja : Teologia social   261.834569

1ª edição – 2014

Direção-geral: Bernadete Boff
Conselho editorial: Dr. Afonso M. L. Soares
Dr. Antonio Francisco Lelo
Maria Goretti de Oliveira
Dr. Matthias Grenzer
Dra. Vera Ivanise Bombonatto
Editores responsáveis: Vera Ivanise Bombonatto
e Afonso M. L. Soares
Copidesque: Ana Cecilia Mari
Coordenação de revisão: Marina Mendonça
Revisão: Ivan Antunes
Gerente de produção: Felício Calegaro Neto
Projeto gráfico: Manuel Rebelato Miramontes

Nenhuma parte desta obra poderá ser reproduzida ou transmitida por qualquer forma e/ou quaisquer meios (eletrônico ou mecânico, incluindo fotocópia e gravação) ou arquivada em qualquer sistema ou banco de dados sem permissão escrita da Editora. Direitos reservados.

Paulinas
Rua Dona Inácia Uchoa, 62
04110-020 – São Paulo – SP (Brasil)
Tel.: (11) 2125-3500
http://www.paulinas.org.br – editora@paulinas.com.br
Telemarketing e SAC: 0800-7010081
© Pia Sociedade Filhas de São Paulo – São Paulo, 2014

Sumário

Introdução 7

O impacto de Dom Romero sobre Ignacio Ellacuría 17
    Jon Sobrino

O caráter práxico da teologia 41
    Francisco de Aquino Júnior

Ignacio Ellacuría e Enrique Dussel: a propósito das contribuições
da fenomenologia para a teologia da libertação 59
    Andrew Prevot

A contribuição de Rahner para dois aspectos da abordagem
latino-americana da teologia fundamental de Ellacuría 81
    Robert Lassalle-Klein

Respectividade e teologia dos sinais 99
    Thomas Fornet-Ponse

O povo crucificado como sujeito da história? Algumas reflexões sobre a atualidade dos conceitos da filosofia e da teologia de Ignacio Ellacuría 119
Sebastian Pittl

Rumo a uma evangelização nova e histórica 137
Michael E. Lee

A Igreja do povo crucificado. A eclesiologia de Ignacio Ellacuría 155
Rodolfo Cardenal

A civilização da pobreza e os desafios globais de hoje 173
Martin Maier

Pensamentos socioeconômicos sobre mediações históricas: rumo à "civilização da pobreza" 189
Jonas Hagedorn

Confiança, coragem, compromisso e liderança: é possível um tipo de universidade diferente nos Estados Unidos? 207
David Ignatius Gandolfo

Minicurrículos dos autores 227

Introdução

Os mártires da UCA, de São Salvador, ainda possuem enorme poder de apelo tantos anos depois de seu assassinato, no dia 16 de novembro de 1989. Na atualidade, sua atração faz-se sentir muito além de El Salvador, na América Latina, nos Estados Unidos, na Europa e em outras partes. Em muitos lugares, erigiram-se monumentos para comemorar sua opção pela libertação dos pobres e dos oprimidos e seu sacrifício, bem como sua contribuição ao pensamento da humanidade. Sua presença é evidente em *campi* universitários, casas comunais, templos e até em comunidades de base. Nas duas sessões de 2009 e de 2014 do Colóquio Internacional sobre o legado de Ignacio Ellacuría, confirmamos a estatura intelectual de Ignacio Ellacuría, cujo pensamento marcou o pensamento político, filosófico, teológico e espiritual da segunda metade do século XX. Tudo isso a partir da realidade de El Salvador e da América Central.

O pensamento de Ellacuría encontrou eco na América Latina, nos Estados Unidos e na Europa, particularmente na Espanha, Alemanha e Áustria. Em São Salvador, as Edições UCA publicaram, faz alguns anos, seus escritos políticos, filosóficos, teológicos, universitários e algumas de suas aulas. Na Alemanha, traduziu-se e publicou-se sua obra filosófica mais importante, *Filosofia da realidade histórica*. Nos Estados Unidos foram traduzidos alguns de seus escritos teológicos e espirituais mais importantes. A difusão de sua obra foi acompanhada pela elaboração de estudos sobre seu pensamento. Suas ideias são discutidas nos cursos universitários e elaboram-se teses doutorais em espanhol, português, inglês e alemão. De igual modo, com frequência se organizam conferências, encontros e seminários. A bibliografia sobre Ellacuría aumenta ano a ano, uma prova da importância de seu pensamento. Nas palavras de José Sols, um dos participantes do colóquio, seu pensamento tem crescido como vinho bom. O próprio pensador converteu-se, assim, em sinal dos tempos, enviado por Deus para inverter a história.

O Colóquio Internacional sobre o legado de Ignacio Ellacuría, que reúne estudiosos salvadorenhos, latino-americanos, europeus e americanos, faz parte deste movimento intelectual. Até o presente momento, realizaram-se duas sessões. A primeira, no Departamento de Teologia da Companhia de Jesus, em Berkeley (Califórnia), em julho (25-28) de 2009. A segunda, em São Salvador, em agosto (8-13) de 2013. Em Berkeley, reuniram-se dez especialistas que estudam, trabalham e publicam sobre Ellacuría – Kevin Burke, Matthew Ashley, Bob Lassalle-Klein e Michael Lee (Estados Unidos), José Mora Galiana e José Sols (Espanha), Thomas Fornet-Ponse e Martin Maier (Alemanha), e Dean Brackley e Rodolfo Cardenal (El Salvador).

Quatro anos mais tarde, na segunda sessão, reuniram-se treze estudiosos – Kevin Burke, Matthew Ashley, Bob-Lassalle Klein, Michael Lee, David Gandolfo e Andrew Prevot (Estados Unidos), Francisco de Aquino Júnior (Brasil), Jonas Hagedorn, Sebastian Pittl e Martin Maier (Alemanha), e Rodolfo Cardenal, Suyapa Pérez Escapini e Martha Zechmeister (El Salvador). A novidade desta sessão foi a incorporação da terceira geração de estudiosos mais jovens, cujos trabalhos abriram novas perspectivas, assim como de duas teólogas, Suyapa Pérez Escapini e Martha Zechmeister. Na realidade, sentimos

Introdução

falta da participação das intelectuais. A presença de Rodolfo Cardenal, s.i., discípulo de Ellacuría e um de seus colaboradores mais próximos, enriqueceu de modo particular a discussão.

Reunimo-nos para refletir sobre o legado de Ellacuría para o mundo atual, a fim de partilhar nossas intuições sobre seu pensamento econômico, político, social, universitário, filosófico e teológico, e para perguntar-nos a respeito de sua projeção futura. Já desde a primeira sessão, expressamos com clareza que não desejávamos converter-nos em guardiães da tumba de Ellacuría, mas, antes, atualizar e historicizar seu pensamento, manter vivo seu legado e, segundo sua formulação, fazê-lo produzir. Estamos convencidos de que seu pensamento ainda não deu de si tudo o que poderia dar. O método de trabalho adotado consiste em comentar e debater textos elaborados e apresentados por quase todos os participantes das sessões. Tão importantes quanto estes intercâmbios foram os espaços mais informais de amizade e as celebrações eucarísticas no final do dia. De fato, na avaliação dos encontros, comprovamos o crescimento, o aprofundamento e a importância da amizade surgida entre nós.

Nessas duas sessões, refletimos e conversamos sobre uma ampla variedade de temas e de enfoques que espelham a amplidão, a riqueza e a complexidade do pensamento de Ellacuría: sua metodologia e epistemologia, em particular, o paradigma hermenêutico de reler as fontes da revelação, a partir da realidade histórica, e a distinção entre o lugar teológico dessa releitura e a fonte da revelação, os pobres como lugar teológico para fazer teologia, os sinais dos tempos como sinais eficazes e visíveis da salvação, a revelação na história e sua salvação, a soteriologia histórica, a Igreja dos pobres e a Igreja como instrumento de salvação na história, o significado de descer da cruz os crucificados, a contribuição libertadora das religiões abraâmicas, a teologia do meio ambiente e a ética ecológica, cuja raiz mais profunda se encontra na encarnação e na ideia do fundador da Companhia de Jesus de "fazer salvação" na história.

9

Da mesma maneira, conversamos sobre a visão profética e utópica de Ellacuría, principalmente sobre a civilização da pobreza, a mudança climática e a deterioração do meio ambiente, a partir da perspectiva dos povos pobres, os mais afetados por suas consequências, a justiça a partir da perspectiva da filosofia intercultural, a historicidade dos direitos humanos, a contribuição de sua filosofia da realidade histórica para os debates atuais sobre teologia, ciência e ética, a necessidade do diálogo interdisciplinar entre a teologia e as ciências da natureza, a economia e a sociedade.

O conceito de universidade de inspiração cristã, comprometida com a transformação da sociedade, sua missão e suas possíveis consequências para as universidades latino-americanas e americanas, foi tema debatido nas duas sessões do colóquio. Insistimos na necessidade de descentrar a atividade intelectual da universidade para situá-la no sofrimento humano e na construção da justiça. Em sua dimensão política, dado que, ao concentrar-se no sofrimento humano e na construção da justiça, a universidade sai de seus muros e introduz-se nas encruzilhadas históricas da humanidade. Em definitivo, conversamos sobre como a universidade jesuíta deveria caracterizar-se pelo serviço incondicional à humanização de uma humanidade cada vez mais desumanizada. Em muitos sentidos, estas ideias são muito atuais para a missão e para a identidade das universidades da Companhia de Jesus hoje. Uma proposta debatida, talvez utópica, é reunir os peritos mais destacados das diversas disciplinas das universidades jesuítas para que elaborem o modelo de uma nova civilização da pobreza e da austeridade partilhada, em contraposição à civilização predominante do capital, da exploração e da opressão da maior parte da humanidade.

No final da segunda sessão, Jon Sobrino, sj., fez uma comunicação, incluída nesta obra, muito pessoal e impactante sobre a fé de Ignacio Ellacuría e a influência de Dom Romero. Comentou uma carta que Ellacuría escrevera a Dom Romero em abril de 1977, na qual manifesta ter visto o dedo de Deus em sua atuação arcebispal depois do assassinato de Rutilio Grande, sj. O compromisso do arcebispo com a justiça superou todas as suas expectativas e lhe causou profunda alegria.

Desde a primeira sessão, o colóquio tem tido uma dimensão pública ou de "projeção social", tal como diria o próprio Ellacuría. Em Berkeley, Dean Brackley, falecido em São Salvador em 2012, local em que se fixou vindo da Universidade Fordham (Nova York), depois dos assassinatos da UCA, mostrou, em uma conferência aberta ao público, como enfrentar a realidade atual a partir do espírito que inspirava Ellacuría. Na sessão de São Salvador, o Departamento de Teologia e o programa de mestrado em teologia latino-americana na mesma UCA organizaram um painel, na capela Jesus Cristo Libertador, sobre o legado de Ignacio Ellacuría. Dele participaram Francisco Aquino Júnior, da Faculdade Católica de Fortaleza (Brasil), Michael Lee, da Universidade Fordham (Nova York), Martin Maier (Alemanha e El Salvador) e Rodolfo Cardenal (El Salvador e Nicarágua). YSUCA, a emissora radiofônica da universidade, transmitiu ao vivo o fórum, o qual ampliou a projeção do colóquio.

A visita à Comunidade Ignacio Ellacuría, no Departamento de Chalatenango, foi um acontecimento cheio de graça. A comunidade aguardava-nos e recebeu-nos com enormes demonstrações de amizade e carinho. Celebramos com eles a Eucaristia e, em seguida, partilhamos sua história de repovoadores (outubro de 1989) e a mesa. Impressionaram-nos particularmente a fortaleza das mulheres e a tragédia de três crianças assassinadas por um bombardeio aéreo, ocorrido em fevereiro de 1990, cujo relato ouvimos de sua mãe, e uma cruz, onde Dom Romero figura na parte superior, os mártires da UCA na ala média e as crianças massacradas na parte inferior. Nessa cruz, a comunidade visibiliza como todos eles foram unidos pelo martírio que, além do mais, fê-los iguais, e como todos já começaram a fazer parte da comunhão dos santos. A casa onde morreram as crianças é respeitada como lugar santo e de memória comunitária. Os anciãos receberam-nos em suas casas e também nos contaram sua história. Confrontados com seus sofrimentos, sentimo-nos pequenos. No entanto, descobrimos seu ânimo e sua esperança inquebrantáveis. Perante o testemunho dessa comunidade, experimentamos tanto a satisfação quanto a dificuldade que as mudanças representam, bem como o desafio enorme da falta de um horizonte.

Este encontro com a Igreja mártir de El Salvador, que faz memória de seus mártires, foi, talvez, a experiência mais profunda desses dias. Ali nos demos conta de que os irmãos da comunidade Ignacio Ellacuría foram nossos mestres. Escutando seus testemunhos, aprendemos deles e comprovamos que, para fazer teologia, é necessário conhecer e escutar os pobres.

As contribuições e as discussões da segunda sessão do colóquio podem ser sintetizadas no título desta obra: *A civilização da pobreza: o legado de Ignacio Ellacuría para o mundo de hoje*. Nela se reúnem os textos apresentados e discutidos na referida sessão. Ao partilhar estes textos com o leitor, queremos comemorar os vinte e cinco anos dos mártires da UCA de São Salvador; ao mesmo tempo, compartilhamos com o estudioso o potencial do pensamento de Ignacio Ellacuría.

Seu legado é incompreensível sem "O impacto de Dom Romero sobre Ignacio Ellacuría", título da comunicação pessoal de Sobrino no colóquio. Nela, ele explora uma questão que, em geral, não é objeto de estudo. Talvez porque não seja fácil penetrar adequadamente nesse âmbito tão profundo e recôndito da pessoa. Aí é onde ela se confronta com o mistério de Deus e onde a fé responde a seu mistério. É o âmbito das perguntas sem respostas e do silêncio ante a incomensurabilidade do absoluto. Por isso, adverte que sua abordagem é balbuciante, apoiada responsavelmente nos indícios existentes sobre o impacto de Dom Romero na fé de Ellacuría, ou seja, se e como compreendeu a realidade de Deus, e se e como se entregou a ele.

O legado de Ellacuría é práxico. Francisco de Aquino Júnior explicita e justifica, partindo de um ponto de vista teórico, "O caráter práxico" da teologia de Ellacuría. A teologia da libertação, desde o começo, desenvolve-se em tensão estrutural entre a práxis teologal de um movimento eclesial, mais ou menos consciente, e a teoria teológica, um momento explícita e estritamente teológico. A contribuição desta comunicação consiste em explicitar e justificar o nexo entre essa teoria e sua práxis, em três passos: esboço da problemática teoria-práxis, análise do processo de conhecimento teológico da teologia da libertação e explicitação de sua dimensão práxica.

Andrew Prevot explora o legado de Ellacuría a partir da fenomenologia. Esboça em "Ignacio Ellacuría e Enrique Dussel: as contribuições da fenomenologia para a teologia da libertação" as relações e os mútuos tributos. Nestes dois intelectuais latino-americanos encontra-se de maneira distinta, mas relacionada, uma fenomenologia que pode contribuir para o esclarecimento e a fundamentação teórica da interação transformadora do Deus libertador da revelação com a ação transformadora da humanidade. Essa coincidência é dada pela dependência da interação humana de um rigoroso conhecimento experiencial da realidade histórica. Convencido de que a tradição fenomenológica do século XX sublinha a novidade de seu pensamento, de modo particular, sua capacidade de aproximar-se dos níveis profundos do conhecimento experiencial, tão apreciado pela fenomenologia, Prevot dialoga com Ellacuría e Dussel. O resultado deste diálogo é a identificação de um potencial enriquecimento mútuo entre teologia da libertação e fenomenologia.

A civilização da pobreza é a proposta de Ellacuría para o sinal mais importante de seu tempo e de todos os tempos: o povo crucificado. Ellacuría elabora uma teologia do sinal dos tempos em respostas à ênfase que o Vaticano II lhes confere. Thomas Fornet-Ponse analisa, a partir da filosofia e da teologia, esta questão fundamental do pensamento de Ellacuría em "Respectividade e teologia dos sinais". Na realidade, elabora esta teologia a partir dos conceitos de inteligência senciente e respectividade de Zubiri. Desse modo, apresenta

Jesus Cristo como o sinal perfeito de Deus, e a Igreja, como o sinal do Reino de Deus.

Apesar de a cada tempo acontecerem muitos sinais, para Ellacuría somente um é importante, a cuja luz deverão ser interpretados todos os demais. Posto que em cada tempo a crucifixão seja diferente, o crucificado sempre é o povo. A partir daqui, Sebastian Pittl apresenta "O povo crucificado como sujeito da história? Algumas reflexões sobre a atualidade dos conceitos da filosofia e da teologia de Ignacio Ellacuría". Semelhantemente a Ellacuría, Pittl indaga a respeito desse sujeito. E se a resposta for afirmativa, quem é, pois, esse sujeito. A resposta é o povo crucificado, que possui poder para promover e realizar a justiça na história. A questão tem relevância particular em um clima intelectual predominantemente cético quanto ao grande relato e ao pensamento utópico.

A tarefa de descer da cruz os povos crucificados, ou seja, de salvá-los na história, aponta para a soteriologia histórica, um conceito característico da teologia de Ellacuría. A salvação é necessariamente real e, portanto, histórica. À medida que a humanidade é salva da exploração e da opressão, sua história converte-se em história da salvação. Michael Lee aplica o conceito de soteriologia histórica à evangelização em "Rumo a uma nova evangelização histórica". Diferentemente da "nova evangelização", divulgada por João Paulo II e Bento XVI, em que a realidade da salvação está ausente, ele propõe uma salvação à luz do sinal dos tempos, ou seja, da pobreza e da opressão. A novidade da salvação histórica é o que justifica falar de uma "nova evangelização histórica".

Nessa mesma linha, Ellacuría entende a Igreja como povo de Deus, mas como é um povo constituído fundamentalmente por pobres, vai mais além e fala de Igreja dos pobres. Isto, porém, não basta. A Igreja não é somente dos pobres, senão, além do mais, a Igreja do povo crucificado. Em sua contribuição, Rodolfo Cardenal desenvolve "A Igreja do povo crucificado. A eclesiologia de Ignacio Ellacuría". Nenhum dos teólogos da libertação elaborou este conceito como Ellacuría. Sua eclesiologia não parte dos livros, mas da teologia que brota da vida, ou seja, da experiência das comunidades de base, as quais ele considera um acontecimento teológico fundamental e uma nova forma de ser Igreja. A novidade desta eclesiologia está na historicização dos conceitos de salvação e de povo, bem como na verificação de sua verdade teórica na prática pastoral.

Ellacuría é, para Martin Maier, um profeta que pressentiu a crise da civilização capitalista e a mudança inexorável de época, e que propôs a civilização da pobreza como alternativa. Baseado nas conclusões de estudos econômicos, ambientais, climáticos, alimentícios, demográficos e energéticos, ele afirma a insustentabilidade da civilização predominante na atualidade e de sua crise sistêmica. Na mesma linha de Ellacuría, apresenta "A civilização da pobreza e os desafios globais do mundo de hoje", a partir dos direitos humanos, do princípio de bens comuns globais e da teologia da libertação. Termina com uma reflexão sobre a utopia e a esperança.

A partir da perspectiva das ciências sociais, Jonas Hagedorn, em "Pensamentos socioeconômicos sobre mediações históricas: rumo à 'civilização da pobreza'", indica algumas mediações históricas pra concretizar a dita civilização. Hagedorn procura aproximar-se da realização histórica do Reino de Deus, de maneira tal que resulte compreensível aos que se consideram distantes ou alheios ao pensamento crente. A busca de mediações históricas que conduzam à civilização da pobreza responde à ênfase de Ellacuría sobre a necessidade e sobre a urgência para concretizar o Reinado de Deus na história da humanidade.

O labor universitário de Ellacuría, a que dedicou os últimos vinte e dois anos de sua vida, não podia estar ausente desta obra coletiva. Junto com a Igreja, a universidade é a instituição que marca seu quefazer intelectual. No entanto, o conceito de universidade e a tarefa universitária de Ellacuría estão marcados pela filosofia e pela teologia da libertação. David Ignatius Gandolfo não somente se interessa em mencionar as características de uma universidade como a UCA, comprometida com a criação de uma civilização da pobreza para tornar o mundo mais justo, mas também, em "Confiança, valor, compromisso e liderança: é possível uma universidade diferente nos Estados Unidos?", aponta aqueles aspectos válidos desse modelo para a universidade americana.

Este livro é uma amostra do que o legado de Ignacio Ellacuría pode dar de si na atualidade. Nisso consiste, precisamente, o labor mais importante do Colóquio Internacional. A publicação dos trabalhos de sua última sessão é uma prova de seus esforços e, ao mesmo tempo, quer ser um convite para que outros se animem a penetrar no pensamento de Ellacuría, a partir dos desafios do mundo atual. A crise da economia mundial e as aspirações de igualdade e justiça da maior parte da humanidade exigem respostas eficazes e viáveis, na linha da "civilização da pobreza" e da libertação da pobreza e da opressão. Ellacuría oferece inspiração, método e propostas críticas para, tal como ele o diria, descer das cruzes históricas de hoje os povos nelas crucificados.

Os Autores

O impacto de Dom Romero sobre Ignacio Ellacuría

Jon Sobrino

Nesta assembleia, os senhores desenvolveram temas importantes do pensamento de Ignacio Ellacuría. Ao me pedirem, agora, que diga algumas palavras, pensei em tratar de um tema que normalmente não costuma ser objeto de comunicações. Trata-se do impacto que Dom Romero produziu em Ignacio Ellacuría, no mais profundo de sua pessoa. Refiro-me a essa esfera de realidade em que o ser humano se encontra perante um mistério, Deus, e a fé com que se pode corresponder a ele. Ou diante de um enigma, com perguntas sem respostas ou com o silêncio que o pode acompanhar.

Não é fácil – em suma, não é possível – penetrar adequadamente neste âmbito último de outra pessoa. Tampouco me parece possível falar, como se as palavras "Deus" e "fé" fossem unívocas e adequadamente compreensíveis e manipuláveis. Este falar, pois, será sempre balbuciante, mas penso que é possível encontrar caminhos para fazê-lo com responsabilidade. É o que pretendo fazer a seguir.

Jon Sobrino

Perguntamo-nos, concretamente, a respeito do impacto de Dom Romero sobre a fé de Ignacio Ellacuría, sobre o conteúdo de seu *fides quae*, se e como compreendia a realidade de Deus. E sobre o fato de sua *fides qua*, se e como se entregava a Deus. Falaremos desta fé a partir de indícios. Contudo, o impacto de Dom Romero sobre Ellacuría não tem apenas indícios; por isso, podemos falar mais argumentativamente.

Já faz anos que refleti e escrevi sobre o tema (Sobrino, 1999), e disse que Ellacuría, em última instância, em sua fé, era conduzido por Dom Romero. Agora gostaria de acrescentar algumas reflexões que possam oferecer alguma novidade. Trata-se do que o próprio Ellacuría disse em várias ocasiões, de modo inovador e audaz, sobre a relação entre Dom Romero e Deus. Em minha opinião, sua formulação mais radical foi a seguinte: "Com Dom Romero, Deus passou por El Salvador". É a partir desta que organizamos nossas reflexões.

1. Ellacuría mostrou a convicção de que "Deus", concretamente, o Deus de Jesus – e, em princípio, tudo o que fosse definitivo e bom na realidade – fez-se presente em Dom Romero. E, simultaneamente, viu que o monsenhor respondeu e correspondeu a esse Deus – a essa realidade última e boa.

2. Por esta razão, principalmente, Dom Romero impressionou Ignacio Ellacuría de maneira diferente – e mais definitiva – do que o fizeram outras pessoas importantes em sua vida e das quais aprendeu. Chegou a ser – e penso que continuou a sê-lo – discípulo do monsenhor, mais do que de qualquer outra pessoa.

3. Por fim, em minha opinião, Ellacuría "foi levado", em sua própria fé, pela fé de Dom Romero. Com isso, quero expressar a dimensão de "dom" e de "graça" que se fez presente em sua vida e como ele percebeu isso.

Nem sempre foi assim. Até 1977, foram anos de desencontro entre ambos. Basta uma amostra. Por encargo da Conferência Episcopal de El Salvador, Dom Romero escreveu, em 1974, uma resenha crítica do livro de Ellacuría *Teologia política*.[1] Ellacuría, por sua vez, foi crítico do monsenhor, pois, ainda que este aceitasse teoricamente Medellín por ser um documento da hierarquia latino-americana, não se sentia à vontade com os documentos e demonstrava forte desconfiança, fazendo críticas ao clero, aos seminaristas, às comunidades, também à UCA, que procuravam colocar em prática seus ensinamentos.

Tudo mudou no dia 12 de março de 1977, com o assassinato de Rutilio Grande (Sobrino, 2013, 16, 22). O encontro entre Romero e Ellacuría se fez, desde então, cada vez mais coincidente na visão histórica da sociedade salvadorenha, no que deviam ser o seguimento de Jesus e a práxis da Igreja. E na base estava a compreensão de Deus como Deus da vida, em luta com os ídolos da morte. No âmbito pessoal, a relação entre ambos chegou a ser muito próxima. No caso de Ellacuría, a quem conheci mais de perto, sua relação com o monsenhor foi entranhável. Ignacio Ellacuría chegou a ter veneração por Dom Romero.

Em seguida, desenvolverei os três pontos mencionados, citando, às vezes, amplos textos de Ellacuría.

O Deus que passou por El Salvador com Dom Romero

Ellacuría falou várias vezes a respeito de Dom Romero, e para falar adequadamente sobre ele, sentiu a necessidade de falar conjuntamente sobre "outra coisa". Em um texto programático, escreveu: "É difícil falar de Dom Romero sem se ver forçado a falar do *povo*" (Ellacuría, 1981). Desse modo, insistia na íntima relação entre Dom Romero e o povo – o povo histórico salvadorenho.

---

[1] A crítica era baseada em argumentos teológicos, mas sem o espírito de Medellín. Fora feita com seriedade e educação, e não a partir de preconceitos muitas vezes ofensivos. Faço alusão a isso porque nem sempre acontecia assim nas críticas de alguns hierarcas aos que eram considerados teólogos da libertação.

Seguindo a lógica desta formulação, agora afirmo que, para Ellacuría, é "difícil falar de Dom Romero sem se ver forçado a falar de *Deus*".

Façamos um pequeno esclarecimento. Usar uma mesma forma de linguagem para relacionar Dom Romero com o "povo", realidade histórica, e com "Deus", realidade transcendente, não é veleidade minha. O próprio Ellacuría apontou para isso e o facilitou no discurso que pronunciou quando, no dia 22 de março de 1985, a UCA concedeu a Dom Romero, a título póstumo, o doutorado em teologia. Falando da esperança do monsenhor, disse:

> Apoiava sua esperança em dois pilares: um pilar histórico, que era seu conhecimento do povo, a quem ele atribuía uma capacidade inesgotável de encontrar saídas para as dificuldades mais graves, e um pilar transcendente, que era sua persuasão de que, em última instância, Deus é um Deus de vida e não de morte, de que a derradeira coisa da realidade é o bem, e não o mal (Ellacuría, 1985, 174).

Analisemos, agora, o que disse Ellacuría sobre a passagem de Deus por El Salvador com Dom Romero.

Que o pensador, filósofo e, principalmente, teólogo Ellacuría falasse sobre Deus, pode-se dar por descontado. Fez isto em muitos escritos teológicos e de tradição bíblica, ao tratar de temas cristológicos e eclesiológicos, bem como de temas como a justiça e a espiritualidade, a libertação e a fé. E, como dissemos, falou de Deus ao falar de Dom Romero.

Isto pode ser aceito com naturalidade, mas é preciso dar um passo adiante. Ellacuría compreendeu e formulou a relação entre "Deus" e "Dom Romero" de maneira inédita, como, em minha opinião, não costumam fazer os teólogos e as pessoas de Igreja. Falou de Dom Romero, certamente como boa-nova, profeta, seguidor de Jesus e homem de Deus. Contudo, sem nenhuma pieguice, a que não era dado, mas com convicção existencial e intelectual, discerniu em Dom

Romero "os sinais verdadeiros da presença ou dos planos de Deus".[2] O bispo era um sinal dos tempos teologais.

Com todas as analogias do caso, e sem cair em literalismos fáceis, o falar de Ellacuría sobre monsenhor recorda o que fizeram os primeiros cristãos com Jesus de Nazaré. *Proclamaram* a vida e a práxis de Jesus como boa notícia: "passou fazendo o bem". *Explicitaram* sucintamente em que consistiu essa boa-nova: "curando os possuídos pelo demônio". E a partir dessa constatação histórica e em virtude dela, *viram-se forçados a falar de sua relação especial com Deus*: "Deus estava com ele". É o que diz Pedro na casa de Cornélio (At 10,38s).

Também Ellacuría viu que Dom Romero "passou fazendo o bem". Contou-o em muitos detalhes, como veremos a seguir. E concluiu: "Deus estava – especialmente – presente em Dom Romero".

As palavras podem surpreender ou assustar, mas, para quem conheceu Ellacuría, não é pensável que, ao falar assim de "Deus", e menos de "Deus e Dom Romero", falasse frivolamente. Falava com seriedade.

Três textos

Vamos recordar três textos nos quais Ellacuría coloca Dom Romero e Deus em relação. O primeiro texto é dos inícios do ministério arcebispal. O segundo, poucos meses depois de seu assassinato. O terceiro, e mais radical na formulação, na missa do funeral do monsenhor na UCA. Em cada um deles, consideraremos uma *afirmação teologal breve e lapidar* sobre a relação entre Dom Romero e Deus, e *afirmações explicativas da realidade histórica do monsenhor,* nas quais Ellacuría encontra fundamento para as afirmações primorosas,

---

[2] Assim descreve o significado de "sinal" [dos tempos] a GS 11.

Jon Sobrino

teologais e doxológicas,[3] mais uma vez, dito com todas as analogias do caso.

"Na ação do Senhor, vi o dedo de Deus"

"Deste longínquo exílio, quero mostrar-lhe minha admiração e respeito" – assim começa a carta que escreveu ao monsenhor no dia 9 de abril de 1977, de seu exílio em Madri, a propósito de sua reação perante o assassinato de Rutilio Grande, no dia 12 de março.[4] E continua: "Vi na ação do senhor o dedo de Deus". É a afirmação *teologal*. E acrescenta três razões *explicativas* para que a expressão não ficasse reduzida a acompanhamento meramente literário.

Transcrevo o fundamental dessas reflexões. E as transcrevo quase na íntegra, mesmo que ligeiramente editadas, pois esse texto oferece muita luz para compreender o que do monsenhor, e em que medida, causou impacto em Ellacuría. E também o faço porque o texto é desconhecido (Ellacuría, 2013, 12-13). Em minha opinião, é um dos melhores textos de Ellacuría. Eis o que ele escreve a Dom Romero.

> *O primeiro aspecto* que me impressionou é o de *seu espírito evangélico*. Soube-o desde o primeiro instante por comunicação de Pe. Arrupe [...]. O Sr. imediatamente percebeu o significado translúcido da morte do Pe. Grande, o significado da perseguição religiosa, e apoiou com todas as forças esse significado. Isso mostra sua fé sincera e seu discernimento cristão.
> Isto me faz ver *um segundo aspecto: o de um claro discernimento cristão*. O Sr., que conhece os Exercícios de Santo Inácio, sabe quão difícil é discernir e decidir segundo o espírito de Cristo, e não segundo o espírito do mundo, que se pode apresentar *sub angelo lucis*, na pele de um anjo de luz. Fez bem em ouvir a todos, mas findou por decidir-se pelo que parecia mais arriscado a olhos prudentes. No caso da missa única, da supressão das atividades dos colégios, de sua firme separação

---

[3] Entendo por afirmação *doxológica* aquela que, baseada em uma afirmação, em princípio *histórica*, estabelece uma ação de Deus – Deus *faz algo* –, afirma o que Deus *é* em si mesmo, sem que a razão ainda possa controlar o que afirma. Está na linha do pensamento de W. Pannenberg. Ellacuría captou que Dom Romero *fez* muitas coisas, e daí deu um salto ao que o monsenhor *foi*.

[4] Em 1976, como todos os anos, Ellacuría foi a Madri, nos meses de inverno. Não pôde voltar ao país até agosto de 1978; fê-lo disfarçadamente e correndo riscos.

de todo ato oficial, etc., soube discernir onde estava a vontade de Deus e soube seguir o exemplo e o espírito de Jesus de Nazaré.

O terceiro aspecto, vejo-o como uma conclusão dos anteriores e como sua comprovação. Nesta ocasião, e apoiado no martírio do Pe. Grande, o Sr. fez Igreja e fez unidade na Igreja. Bem sabe o Sr. como é difícil fazer estas duas coisas hoje em São Salvador. Contudo, a missa na catedral e a participação quase total e unânime de todo o presbitério, dos religiosos e de tão grande porção do povo de Deus, mostram que, nesta ocasião, obteve-se êxito. O Sr. não poderia ter dado passo melhor para fazer Igreja e para fazer unidade na Igreja dentro da arquidiocese. Não deixará de perceber que isto era difícil. E o Sr. o conseguiu. E alcançou-o não pelos caminhos do afago ou da dissimulação, pelo caminho do Evangelho: sendo fiel a ele e sendo corajoso com ele. Penso que, enquanto o Sr. continuar nesta linha e tiver como primeiro critério o espírito de Cristo martirialmente vivido, o melhor da Igreja em São Salvador estará com o Sr., e se separarão do Sr. os que tiverem de separar-se.

Na hora da prova, pode-se ver quais são os fiéis filhos da Igreja, continuadora da vida e da missão de Jesus, e quais os que querem servir-se dela. Parece-me que nisto temos um exemplo na vida última do Pe. Grande, distanciada dos extremismos da esquerda, mas muito mais afastada da opressão e das adulações da riqueza injusta de que fala São Lucas.

Neste modo de agir do monsenhor, cheio de Evangelho e de discernimento perante Deus, sendo arcebispo de todos, mas com o povo e a favor do povo, independente do governo, apartado dos poderosos, que queriam colocá-lo a favor deles, e muito disposto a denunciar suas vilanias e as do governo, Ellacuría viu como Dom Romero foi seguidor de Jesus. Homem que, ouvindo a todos, perguntou-se o que é que Deus queria que ele fizesse. Isto é "discernir".[5] Homem que caminhava com Deus na história, como pede Miqueias, e que seguia Jesus de Nazaré, o histórico e não manipulável. Homem que, neste

---

[5] Para um membro da hierarquia eclesiástica, discernir perante Deus e, em definitivo, somente perante Deus, não é impossível, naturalmente, mas não é fácil, pois o discernimento tem que coexistir com uma obediência especial a seus superiores na hierarquia. Há poucos, como Pedro Casaldáliga, que discernem livremente perante Deus, "em rebelde fidelidade".

caminhar e discernir fundamentais, fundamentava os numerosos discernimentos específicos.

Ellacuría viu que, sendo e agindo assim, Dom Romero *respondia* a Deus como Jesus. E viu que, ao *responder* assim à vontade de Deus, o monsenhor *correspondia* a Deus, identificava-se com a realidade de Deus. E isto é o que permite falar do "dedo de Deus".

Ele perscrutava, certamente, os "sinais dos tempos" – sinais em sentido *histórico* (cf. GS 4) – que caracterizavam a realidade salvadorenha, naquela época. Mas também discerniu "nos acontecimentos, exigências e desejos [...] os sinais verdadeiros da presença ou dos planos de Deus" (cf. GS 11), sinais em sentido *teologal*. Para Ellacuría, estes sinais fizeram-se presentes no ser e no agir de Dom Romero. E o próprio monsenhor, "homem com espírito evangélico", converteu-se-lhe em sinal teologal. Nesse Monsenhor, Ellacuría viu o "dedo de Deus".

No que tange ao discernimento de Dom Romero, penso que, para Ellacuría – e para mim –, o maior sinal histórico que se impôs foi o martírio de Rutilio Grande, o de muitos outros sacerdotes e o do povo crucificado, ao longo de três anos. Penso que se lhe converteram em sinal teologal. Nos mártires e no povo crucificado, Deus se fez presente.

Ao finalizar sua carta, Ellacuría diz a monsenhor que "foi apenas o começo, mas que foi um começo extraordinário". E termina com estas palavras: "Peço a Deus que todas estas coisas sirvam para o bem de todos".

"Estas coisas" continuaram durante três anos. O *começo* de Dom Romero em Aguilares, junto ao cadáver de Rutilio Grande, de uma criança e de um ancião, *deu início* a muitas realidades que chegaram até nossos dias. Algumas delas chegaram debilitadas, por vezes muito debilitadas. Outras se mantiveram firmes e continuaram a dar frutos.

"Dom Romero, um enviado de Deus para salvar seu povo"

Depois do martírio do monsenhor, em novembro de 1980, a revista *Sal Terrae* (Santander, Espanha) pediu a Ellacuría um artigo sobre Dom Romero. Assim, escreveu: "Dom Romero, um enviado de Deus para salvar seu povo" (Ellacuría, 1990, 5-10). A afirmação teológica é "Dom Romero, um *enviado de Deus*".

Os textos explicativos, que não analiso tão longamente como os anteriores, insistem em três coisas. Uma, evidente, dadas as circunstâncias, é o *martírio* de Dom Romero. A segunda é que Dom Romero foi e trouxe *salvação*. A terceira é que Dom Romero foi *graça* para o povo.

a) Publicamos quase literalmente o que Ellacuría diz sobre o *martírio* de Dom Romero, citando um longo parágrafo com o qual começa o artigo.

Faz oito meses, em um 24 de março, que caía diante do altar Dom Romero. Bastou um tiro no coração para acabar com sua vida mortal. Estava ameaçado havia meses e nunca buscou a menor proteção. Ele próprio dirigia seu carro e vivia em um indefeso apartamento contíguo à igreja onde foi assassinado.

Foi morto pelos mesmos que matam o povo, os mesmos que neste ano de seu martírio chegaram a exterminar cerca de dez mil pessoas, a maior parte delas jovens, camponeses, operários e estudantes, mas também anciãos, mulheres e crianças que são tirados de suas fazendas, e aparecem, pouco depois, torturados, destroçadas, muitas vezes irreconhecíveis.

Não importa determinar quem foi que disparou. Foi o mal, foi o pecado, foi o anticristo, mas um mal, um pecado e um anticristo históricos, que se encarnaram em estruturas injustas e em homens que escolheram o papel de Caim.

Teve apenas três anos de vida pública como arcebispo de São Salvador. Foram suficientes para semear a Palavra de Deus, para tornar presente em seu povo a figura de Jesus; foram demasiados para os que não podem tolerar a luz da verdade e o fogo do amor.

Estas palavras não precisam de comentário. São Ellacuría puro. Recordam com minuciosidade e lucidez três coisas: a afinidade de Dom Romero com Jesus de Nazaré, sua solidariedade com o povo crucificado e seus três anos de vida a partir da perspectiva da cruz – o que lembra algo que, faz alguns anos, escreveu o teólogo alemão Martin Kähler: "O Evangelho é a história da paixão com uma ampla introdução".

b) Em sua primeira carta a Dom Romero, Ellacuría já havia contado o essencial desta *ampla introdução* à paixão do monsenhor. Agora, no artigo que cito,[6] começa com a paixão; em seguida, porém, continua a perguntar *o que havia feito Dom Romero em sua vida*. E em formulação concentrada – e muito cara a Ellacuría –, o que o monsenhor fez foi *trazer salvação a seu povo*.

Não trouxe salvação como um líder político, nem como um intelectual, nem como um grande orador, diz Ellacuría. Pôs-se a anunciar e a colocar o Evangelho em prática com plena encarnação e em toda a sua plenitude, acionando a força histórica do Evangelho. Compreendeu "de uma vez por todas" – diz vigorosamente Ellacuría, criticando a ausência habitual do que dirá em seguida – que a missão da Igreja é o anúncio e a realização do Reino de Deus, que passa ineludivelmente pelo anúncio da Boa-Nova aos pobres e pela libertação dos oprimidos.

O monsenhor buscou e trouxe uma *salvação real* do processo histórico. Falou a favor do povo, para que ele mesmo construísse criticamente um mundo novo, no qual os valores predominantes fossem a justiça, o amor, a solidariedade e a liberdade. Uma e outra vez punha seus olhos em Jesus como princípio da fé e da transcendência cristã. E o povo abria-se a essa fé e a essa transcendência. Desse modo, também trazia salvação.

---

[6] A seguir, cito com liberdade as páginas 5 a 10 do artigo.

c) Ellacuría viu em Dom Romero dom e graça. "Foi um enviado", diz, não simples produto de nossas mãos. Converteu-se – não para todos da mesma maneira – no grande "presente de Deus", em um presente muito especial. "Os sábios e prudentes deste mundo, eclesiásticos, civis e militares, os ricos e poderosos deste mundo diziam que ele fazia política. O povo de Deus, no entanto, os que têm fome e sede de justiça, os puros de coração, os pobres em espírito sabiam que tudo isso era falso... Nunca tinham experimentado Deus tão perto, o Espírito tão visível, o cristianismo tão verdadeiro, tão cheio de graça e de verdade." Contudo, não era uma graça *barata*, que não compromete, mas uma graça *cara*, que compromete e salva.

> Tudo isso lhe angariou o amor do povo oprimido e o ódio do opressor. Granjeou-lhe a perseguição, a mesma perseguição que seu povo sofria. Assim morreu e por isso o mataram. Por isso, igualmente, Dom Romero converteu-se em um exemplo excepcional de como a força do Evangelho pode converter-se em força histórica de transformação.

"Com Dom Romero, Deus passou por El Salvador"

O pensamento de Ellacuría sobre o monsenhor alcançou seu ponto culminante na homilia que pronunciou no funeral na UCA. Citamo-lo como terceiro texto teologal: "Com Dom Romero, *Deus passou por El Salvador*".

Temos falado da *presença* de Deus no monsenhor e do *envio* que dele Deus faz. Agora, Ellacuría expressa-se com a máxima radicalidade linguística e conceitual. Com Dom Romero, Deus fez-se presente na história salvadorenha.

Nestas palavras, há genialidade de pensamento, e não conheço pastores nem teólogos, nem filósofos nem políticos que conceituem e formulem a realidade com tal radicalidade. As palavras podem causar estranheza e surpreender aos que creem e, certamente, aos que não creem. Poderiam parecer pouco científicas e pouco universitárias e, embora teologais, talvez nos soem excessivamente religiosas e piedosas. Todavia, devo confessar que, para mim, são verdadeiras e frutíferas. Pelo menos expressam mais verdade e produzem mais frutos do que outras que escutei a respeito de Dom Romero. Explico-me.

No Deus de Dom Romero, Ellacuría viu uma ultimação e uma radicalidade que, nesse grau, não encontrou em nenhuma outra realidade, posto que fossem realidades boas como a verdade e a liberdade, a democracia e o socialismo, quando autênticos... Viu essa ultimação na história do monsenhor, sem mencionar com essa radicalidade, que me lembre, outras pessoas do passado, certamente mui veneráveis.

Viu que a passagem de Deus no monsenhor produzia bens pessoais e, inauditamente, sociais difíceis de conseguir, e que, uma vez alcançados, são difíceis de se conservarem. Produzia justiça sem ceder perante a injustiça, defesa e libertação dos oprimidos. Produzia compaixão e ternura para os indefesos. Produzia verdade sem acordos, não aprisionada pela mentira, nem pelo eterno perigo de ceder ao politicamente correto. E mantinha uma esperança que não morre...

De um lado, monsenhor falou a Ellacuría de um Deus de pobres e de mártires, certamente, libertador, exigente, profético e utópico. Em uma palavra, falou-lhe do que, em Deus, existe "mais aquém". De outro, também lhe falou do que em Deus existe de inefável, não adequadamente inserido na história, do que em Deus existe de "mais além", de mistério insondável e bem-aventurado.

E para quem o termo "Deus" parecer estranho, pense nas palavras de Ellacuría, já citadas: "O derradeiro da realidade é o bem e não o mal". *Isto* é o que passou, com Dom Romero, por El Salvador.

Ignacio Ellacuría, discípulo do monsenhor

Quando Ellacuría tinha 47 anos, dez dos quais dedicados ao trabalho na UCA, Dom Romero "apareceu"-lhe – *ophthe*. E uso conscientemente o termo "aparecer", linguagem em que se narram as aparições do ressuscitado, para expressar com todas as analogias do caso o que nele teve de inesperado, forte, talvez desconcertante, e bem-aventurado.

Não foi o primeiro encontro que teve com pessoas a quem considerou mestres, mentores ou pais no espírito, que iriam influenciar decisivamente sua vida. Estes foram Miguel Elizondo, no noviciado, Aurelio Espinosa Polit, no estudo das humanidades, em Quito, o poeta basco-nicaraguense Martínez Baigorri. No que diz respeito à teologia, durante quatro anos foi aluno de Rahner, em Innsbruck. E quanto à filosofia, estudou e trabalhou com Zubiri. Foi seu colaborador intelectual mais próximo, e de várias maneiras seu inspirador, até a morte de Zubiri.

Ellacuría sempre lhes foi agradecido, e podia reconhecer neles – dizia-o com clareza no caso de Zubiri – superioridade no quefazer intelectual. Contudo, de alguma maneira, também podia considerar-se "colega" dos que haviam sido seus mentores. No entanto, nunca se considerou colega de Dom Romero.

Seu impacto sobre Ellacuría foi específico. Certamente, impressionaram-no, como a muitos outros, sua profecia e denúncia, sua compaixão e esperança, sua proximidade com os pobres e sua luta pela justiça, sua disponibilidade para que lhe arrebatassem a vida, e o manter-se fiel até o final, sem se deixar desviar por nenhum risco nem ameaça.[7]

Aludimos a isto no parágrafo anterior. Entretanto, penso que o impacto mais inaudito, e o mais poderoso, foi provocado pela fé de Dom Romero. Aceitando os outros impactos mencionados, para Ellacuría esta fé supunha uma forma de descontinuidade maior.

Pelo fato de expressá-lo graficamente – usando duas frases de Dom Romero em suas homilias finais –, Ellacuría pôde captar, com admiração, sim, mas em continuidade com sua própria maneira de

---

[7] E, certamente, ao contrário do que diziam alguns amigos de monsenhor, Ellacuría aprovava os riscos que este assumia, e apoiava-o. Uma vez ouvi-o dizer: "O monsenhor deve arriscar. É o que tem a fazer".

ser e de agir, o que disse o monsenhor na homilia da véspera do assassinato, no dia 23 de março: "Em nome de Deus, pois, e em nome deste povo sofrido, cujos lamentos sobem até o céu cada dia mais tumultuados, peço-lhes, rogo-lhes, ordeno-lhes em nome de Deus: parem com a repressão!".

Também pôde captar – mesmo que nisto com algum grau de descontinuidade – o que o monsenhor havia dito, em uma homilia, seis semanas antes, no dia 10 de fevereiro: "Nenhum homem se conhece enquanto não se tenha encontrado com Deus [...]. Quem me dera, queridos irmãos, que o fruto desta pregação de hoje fosse que todos nós pudéssemos ir encontrar-nos com Deus e que vivêssemos a alegria de sua majestade e de nossa pequenez!".

Nestas palavras, penso que, em Dom Romero, Ellacuría sentiu algo diferente, superior, não apenas quantitativa, mas qualitativamente. Não apequenou Ellacuría, mas penso que o ajudou a compreender a si mesmo e o situou mais adequadamente na realidade.

Dito ainda de maneira gráfica, falando das tarefas que a Igreja tinha que realizar – e nós, dentro dela –, ouvi Ellacuría dizer: "O monsenhor já se havia adiantado a nós". E em 1985, reconheceu pública, explícita e solenemente a superioridade de Dom Romero. Aos cinco anos de seu martírio, a UCA outorgou a monsenhor um doutorado póstumo *honoris causa* em teologia.[8] Nesta ocasião, Ellacuría fez um discurso importante. Contra as acusações de manipular Dom Romero, a UCA confessava publicamente a importância e a superioridade de Dom Romero para seu próprio ser e agir. Assim disse Ellacuría:

> Foi dito, de modo mal-intencionado, que Dom Romero foi manipulado por nossa universidade. É hora de dizer pública e solenemente que não foi assim. Por certo Dom Romero pediu nossa colaboração em múltiplas ocasiões, e isto representa e representará, para nós, grande honra,

---

[8] Ellacuría pediu-me que expusesse "O significado de Dom Romero para a teologia", então, desenvolvi uma ideia semelhante ao que ele pensava sobre o monsenhor: "Dom Romero como acontecimento teológico. Palavra de Deus e palavra do povo de Deus" (155-166). Chegou a dizer que monsenhor foi não somente teólogo, mas realidade teológica.

por quem a pediu e pela causa para a qual no-la pediu [...], mas, em todas estas colaborações, não há dúvida a respeito de quem era o mestre e de quem era o auxiliar; de quem era o pastor que assinala as diretrizes, e de quem era o executor; de quem era o profeta que desentranhava o mistério, e de quem era o seguidor; de quem era o animador e de quem era o animado; de quem era a voz e de quem era o eco" (Ellacuría, 1985, 167-176).

Ellacuría confessava humilde – algo a que não era dado – e agradecidamente – algo a que era dado, sim – a dívida da UCA para com Dom Romero. Estas palavras também ressoam como um reconhecimento pessoal de sua própria dívida para com o monsenhor, do mais profundo de seu ser.

E este reconhecimento inequívoco de monsenhor pode ser mais bem compreendido se recordarmos o seguinte: sendo de temperamento exigente e crítico, às vezes em excesso, e buscando sempre o bem, de Ellacuría ouvi críticas sobre muitas pessoas, quando, na opinião dele, cometiam um erro de conceito ou de práxis. Às vezes também por limitações objetivas, mesmo de gente boa e amiga.

Pois bem, nunca o ouvi criticar Dom Romero, talvez por um pudor reverencial que foi crescendo nele. Penso que era uma forma de respeitar essa misteriosa superioridade que via em monsenhor. Nesse sentido, chamei Ellacuría de "discípulo de Dom Romero".

Ellacuría foi levado na fé e pela fé de Dom Romero

O que acabamos de dizer pode ser reformulado, com simplicidade e um pouco de audácia, dizendo que Ellacuría foi "discípulo de Dom Romero na fé". Não obstante, penso que é preciso dar um passo a mais: "Ellacuría foi levado na fé e pela fé de monsenhor". A este respeito, queremos fazer algumas reflexões (Sobrino, 1999).

Jon Sobrino

Ellacuría "lutou com Deus"

Em 1969, em uma reunião em Madri, ouvi-o dizer em um pequeno grupo: "Rahner carrega com elegância suas dúvidas de fé", com o que ele chegava a dizer – esta foi minha convicção – que tampouco para ele a fé era algo óbvio. Suas palavras não me surpreenderam, pois aqueles eram anos robustos para a fé, para minha própria fé e para a de outros companheiros, inclusive para a dos professores.

O contato aberto e sério com os filósofos modernos (ateus, em sua maioria, à exceção de Zubiri), o surgir da teologia crítica,[9] inclusive a da morte de Deus – este era o ambiente que predominava nos anos em que Ellacuría alcançou sua maturidade intelectual –, seu próprio arbítrio honesto e crítico, nada propício a credulidades e a argumentos pouco convincentes e de matizes apologéticos, e o grande questionamento de Deus, que é a miséria e o escândalo do continente latino-americano,[10] não conseguiram tornar óbvia a fé em Deus de um Ignacio Ellacuría.

Como muitos outros, penso que andou às *voltas com Deus*. Em palavras da Escritura, *lutou com Deus*, como Jacó. Minha convicção é de que se deixou vencer por ele, embora a vitória, ou a derrota, seja sempre coisa muito pessoal. Disso apenas se pode falar com infinito cuidado e, definitivamente, não é captável a partir de fora. Dito com palavras mais simples, o que acredito tenha acontecido é que Dom Romero, sem o propor a Ellacuría, impulsionou-o e capacitou-o a colocar-se ativamente, e a conservar-se perante o mistério último da realidade.

a) Já disse que, para Ellacuría, monsenhor foi uma referência que *ia adiante*. No monsenhor, penso que o impressionou profundamente a maneira como se entregava a Deus, não somente na reflexão e na

---

[9] Basta recordar, de uma perspectiva cristã, livros como os de Charles Moeller, *Literatura del siglo XX y cristianismo*, e Heinz Zahrnt, *A vueltas con Dios*.

[10] Recorde-se o livro de G. Gutiérrez, *Falar de Deus a partir do sofrimento do inocente. Uma reflexão sobre o livro de Jó* (Petrópolis, 1987), e seu artigo Cómo hablar de Dios desde Ayucucho, *Revista Latinoamericana de Teología*, 15, 1988, 233-341.

pregação, mas também na mais profunda realidade de sua vida. Deus era, para o monsenhor, absolutamente *real*. E Ellacuría viu que com esse Deus monsenhor humanizava pessoas e trazia salvação para a história.

A fé de Dom Romero impôs-se a Ignacio Ellacuría como algo bom e humanizante. Alegrava-se com o fato de que monsenhor fosse homem de fé, com uma fé contagiante. Alguma coisa, ou muita coisa – em definitivo, só Deus o sabe –, penso que se grudou em Ellacuría. O mistério exigiu novidade e proximidade.

b) Não há argumentos apodíticos para defender esta afirmação, mas pode haver *caminhos*, como dizia Santo Tomás, para torná-la razoável. Em seu exílio em Madri (1980-1983), com mais tempo, e em seus últimos anos em El Salvador (1983-1989), mesmo em meio a múltiplas ocupações de máxima urgência e responsabilidade, sempre encontrou tempo para escrever textos teo-*lógicos*, especialmente sobre a Igreja e a eclesiologia. Alguns mais especificamente teo-*logais* (Ellacuría, 1984). Neles tratava, direta ou indiretamente, da realidade de Deus.

Mencionava "Deus" com naturalidade, para dar força a uma ideia, também quando não tinha por que fazê-lo. Em uma dura crítica, escreveu: "Tudo é mais importante do que escutar realmente a voz de Deus que [...] se ouve tanto nos sofrimentos como nas lutas de libertação do povo" (Ellacuría, 1978, 59). E, para além de temas concretos, remetendo-se ao pensar e ao sentir de Dom Romero, Ellacuría falava com toda a naturalidade da *transcendência*. Citamos um texto significativo, porque inclui muitos temas importantes, que culminam com a transcendência de Deus.

> Dom Romero nunca se cansou de repetir que os processos políticos, por mais puros e idealistas que sejam, não bastam para trazer aos homens a libertação integral. Entendia perfeitamente aquele dito de Santo Agostinho que, para ser homem, é preciso ser "mais" do que homem. Para ele, a história que fosse somente humana, que pretendesse ser apenas humana, logo deixaria de sê-lo. Nem o homem nem a história se

bastam a si mesmos. Por isso, não deixava de apelar à transcendência. Em quase todas as suas homilias, aparecia este tema: a Palavra de Deus. A ação de Deus rompendo os limites do humano" (Ellacuría, 1990, 9).

Dom Romero chegou a ser como o rosto do mistério, que aparece em nosso mundo, mistério, em última instância, mais *fascinans* do que *tremendum*. E na presença deste monsenhor, Ellacuría – que não estava acostumado a isso – sentia-se apequenado, mas com um rebaixamento que não o humilhava, e, sim, que o situava adequadamente na história e lhe conferia dignidade. Com sensível delicadeza, monsenhor oferecia-lhe aquilo em que ele era exímio e no que os demais somos muito mais limitados.

Seus últimos anos

a) Depois de retornar de seu segundo exílio, Ellacuría entrou nos últimos seis anos de sua vida. A tarefa fundamental a que dedicou suas melhores energias, tempo e saúde, foi pôr fim à guerra, através de um diálogo que desembocasse em negociação. E por isso, teve de escutar críticas de ambos os lados – mais da direita do que da esquerda –, pois cada lado queria sobrepujar-se ao outro. E com razões, ou autoenganos, esperavam que a vitória fosse possível.

Agora quero apenas recordar alguns momentos, a maioria deles em breves encontros pessoais privados, com sua saúde cada vez mais debilitada, mesmo que sua vontade se mantivesse férrea. Em minha percepção, nesses momentos ia aparecendo como captava o sentido, ou o sem-sentido, da história e de sua vida. Verá o leitor que Ellacuría parecia às vezes com alento e às vezes com abatimento. Seja-me permitido mencionar alguns desses momentos.

Um dia, em 1983, quando do regresso de seu segundo exílio, estando refugiada a comunidade em Santa Tecla, Ellacuría presidiu a Eucaristia e nos falou do "Pai celestial". Não era linguagem muito sua, mas algo importante e bom o Ellacuría cerebral e crítico queria dizer com estas palavras. Outras vezes, disse-me, como que de passagem, "só resta a estética". As coisas não caminhavam bem para o país, para o reino, e Ellacuría não parecia sentir um apoio seguro para sua luta pelo diálogo.

Outra vez me disse, também de passagem, algo que o leitor não entenderá, e que o fará sorrir. Para os nascidos em Vizcaya, no país basco, o time de futebol Athletic de Bilbao é entranhado, e Ellacuría acompanhava fielmente, pelo rádio, os resultados das partidas todos os domingos. Um dia me disse: "Ora, nem o Athletic". Eu o compreendi perfeitamente. O sentido das coisas escapava-lhe das mãos.

Meses antes de sua morte, disse-me que, agora que trabalhava pelo diálogo, sua vida corria mais perigo do que quando defendia vigorosamente os oprimidos e atacava duramente a oligarquia, o exército, o governo e o império estadunidense. E teve de pensar seriamente sobre isso. Como um estoico ilustrado, comentou: "Disseram-me que a dor de um disparo dura apenas vinte segundos".

b) Em meio a estas experiências pessoais sobre o sentido e o sem-sentido da vida, Ellacuría continuou a lutar. E continuou a pensar. Escreveu artigos sobre a situação militar, econômica e política, e vários artigos de teologia, que publicou na *Revista Latinoamericana de Teología*, que fundamos em 1984. Eram artigos teológicos, mas com um transfundo teologal. Agora quero fixar-me em uma dimensão de seu pensamento que tem a ver com a *totalidade* e com as *realidades últimas*, às vezes explicitamente religiosas (Ellacuría, 1985b, 5-45; 1986, 113-131; 1987, 3-28), o qual, penso, está aparentado, explícita ou implicitamente, com o teologal.

Pessoalmente, impressionou-me que, por sua honradez para com o real, tenha insistido na negatividade da realidade. Assim, em 1985, reclamou a Martin Heidegger que "talvez, em lugar de perguntar-se por que há, de preferência, o ente e não o nada, deveria ter-se perguntado por que existe o nada – não ser, não realidade, não verdade etc. –, em vez do ente" (Ellacuría, 1985a, 50). E a dimensão histórica da negatividade impressionou-o até o fim. Pensou e escreveu reiteradamente sobre o povo *crucificado*, sobre os direitos humanos dos *povos oprimidos*...

Este empenho em constatar e desmascarar a negatividade acompanhou-o até o final de sua vida. Em seu derradeiro discurso, no dia 6 de novembro de 1989, ao receber em Barcelona o prêmio Comín, disse: "Nossa civilização está gravemente enferma e [...] para evitar um desenlace fatídico e fatal, é necessário tentar mudá-la a partir de dentro dela mesma" (Ellacuría, 1989, 1078). Daí, a imperiosa necessidade de inverter a história.

Não obstante, Ellacuría insistiu também em que a negatividade pode ter princípio de salvação. Escreveu repetidas vezes sobre a salvação que traz o servo de Iahweh, sofredor e destroçado; os mártires *assassinados*, uma Igreja de *pobres e oprimidos*. Em seu último discurso, em Barcelona, para sanar uma sociedade desumanizada, remete-se ao que está *embaixo na história*. "Somente utópica e esperançosamente se pode crer e ter ânimo para tentar, com todos os pobres e oprimidos do mundo, inverter a história, subvertê-la e lançá-la em outra direção" (Ellacuría, 1989).[11]

Neste último discurso, também se reporta, ou ao menos alude a isso com seriedade, ao plano teologal, certamente, ao "cristão", fórmula que usava com frequência. Fê-lo colocando em tensão a fé e a justiça. "A fé cristã tem como condição indispensável, mesmo que não, talvez, suficiente, seu enfrentamento com a justiça; no entanto, a justiça buscada, por sua vez, fica profundamente iluminada a partir do que é a fé vivida na opção preferencial pelos pobres" (Ellacuría, 1989, 79).[12]

---

[11] Também falou da necessidade de conhecimentos sérios para pensar projetos de desenvolvimento e de justiça social.

[12] Ao concluir esta breve análise de seu último discurso, gostaria de acrescentar o que escutei dele em uma de suas conversas privadas. "Alfonso Comín, cristão convencido e comunista convencido, acamado e vencido pelo câncer. Em seus últimos dias, pediu para ouvir gravações das homilias de Dom Romero". Ellacuría recorda-o como expressão da fé de Comín. E não pôde deixar de acrescentar que em sua morte "Pio XII havia pedido para ouvir música de Beethoven".

c) Em seus últimos tempos, Ellacuría, em meio a inúmeros problemas e com palavras pouco conhecidas, dizia que "queria pensar El Salvador". Queria pensar *o todo* no qual se encontrava. E antes, a partir de 1982, havia pensado como devia ser uma civilização *totalizante* como solução para esta totalidade danificada, que é nosso mundo. Um dia comentou comigo: "Tenho clareza quanto à formulação teórica da solução. Torná-la realidade é muito difícil. É a *civilização da pobreza*". E estava convencido da originalidade do conceito.

Para definir, ou ao menos descrever, o que era determinada civilização, ainda que variasse a formulação, fixou-se em duas coisas essenciais: qual é o *motor fundamental da história* e qual é o *princípio de humanização*. Na civilização da riqueza, o *motor* da história é o acúmulo do capital, e o *princípio de (des)humanização* é a posse-desfrute da riqueza. Na civilização da pobreza, *o motor* da história – às vezes chamado de princípio de desenvolvimento – é a satisfação universal das necessidades básicas e o *princípio de humanização* é a elevação da solidariedade partilhada.

A partir de 1982, escreveu quatro artigos sobre este tema fundamental (Ellacuría, 1982, 588-596; 1993, 115-126; 1989, 141-184). Insistiu no caráter dialético de ambas as civilizações, acrescentando eventualmente a formulação dialética entre *civilização do capital* e a *civilização do trabalho*. No entanto, até o final, manteve o termo *pobreza*, apesar do escândalo que causava definir assim o ideal de uma civilização realmente humana.

***

Além da razão histórica para reivindicar a necessidade da civilização da pobreza, também remontou ao espírito do Evangelho "(Ellacuría, 2002b). É outro indício de como o teológico e o transfundo teologal haviam-se-lhe tornado conaturais.

Jon Sobrino

Aguarda-se o Deus libertador

Terminamos este artigo citando, ligeiramente editada, a conclusão de seu último artigo publicado em 1989, na *Revista Latinoamericana de Teología*.

> A Igreja dos pobres constitui-se no novo céu, que, como tal, é necessário para superar a civilização da riqueza e construir a civilização da pobreza. Converter-se-á na nova terra, na qual habite o homem novo como em um lar acolhedor e não degradado.
> Aqui é onde se dá uma grande confluência da mensagem cristã, sem glosas desfiguradoras, com a situação atual da maior parte do mundo e, certamente, da América Latina, ainda depositária majoritariamente da fé cristã, a qual até agora pouco serviu para fazer desta região uma terra nova, não obstante ter-se apresentado inicialmente como o novo mundo. A negação profética de uma Igreja como o céu velho de uma civilização da riqueza e do império, e a afirmação utópica de uma Igreja como o novo céu de uma civilização da pobreza, é um apelo irrecusável dos sinais dos tempos e da dinâmica soteriológica da fé cristã historicizada nos homens novos.

É a tese fundamental de Ellacuría, unificando a análise da história – os sinais dos tempos – e a salvação.

As últimas palavras são históricas e teologais. "Estes homens novos continuam anunciando firmemente, posto que sempre às escuras, um futuro sempre maior, porque, para além dos sucessivos futuros históricos, aguarda-se o Deus salvador, o Deus libertador".

"Aguarda-se o Deus libertador". Nestas palavras se pode perceber o alento de Dom Romero.

Referências

ELLACURÍA, Ignacio (1978). El pueblo crucificado. Ensayo de soteriología histórica. In: Id. *Escritos teológicos* 2, 2000, 137-170. San Salvador: UCA Editores.

_____ (1981). El verdadero pueblo de Dios según Monseñor Romero. *ECA* 392, 530. In: Id. *Escritos teológicos* 2, 2000, 357-396. San Salvador: UCA Editores.

_____ (1982). El reino de Dios y el paro en el tercer mundo, *Concilium* 180. In: Id. *Escritos teológicos* 2, 2000, 295-306. San Salvador: UCA Editores. San Salvador: UCA Editores.

_____ (1984). *Conversión de la Iglesia al reino de Dios. Para anunciarlo y realizarlo en la historia.* Santander: Sal Terrae.

_____ (1985). La UCA ante el doctorado concedido a Monseñor Romero. *ECA 437.* In: *Escritos teológicos* 3, 2002, 101-114. San Salvador: UCA Editores.

_____ (1985a). Función liberadora de la filosofía. *ECA* 435-436. In: Id. *Veinte años de historia en El Salvador (1969-1989)* 1, 1991, 93-122. San Salvador: UCA Editores.

_____ (1985b). Historicidad de la salvación cristiana. *Revista Latinoamericana de Teología* 1. In: Id. *Escritos teológicos* 1, 2000, 535-596. San Salvador: UCA Editores.

_____ (1988). La construcción de un futuro distinto para la humanidad. Recuperado de: <http:/mercaba.org. FICHAS/Teología latina>.

_____ (1986). Voluntad de fundamentalidad y voluntad de verdad: conocimiento-fe y su configuración histórica. *Revista Latinoamericana de Teología* 8. In: Id. *Escritos teológicos* 1, 2000, 107-138. San Salvador: UCA Editores.

_____ (1987). Aporte de la teología de la liberación a las religiones abrahámicas en la superación del individualismo y del positivismo. *Revista Latinoamericana de Teología* 10. In: Id. *Escritos teológicos* 2, 2000, 193-232. San Salvador: UCA Editores.

_____ (1989). Utopía y profetismo desde América Latina. Ensayo se soteriología histórica. *Revista Latinoamericana de Teología* 17. In: Id. *Escritos teológicos* 2, 2000, 233-294. San Salvador: UCA Editores.

_____ (1989). El desafío de las mayorías populares, *ECA* 493-494. In: Id. *Escritos universitarios*, 1999, 297-306. San Salvador: UCA Editores.

_____ (1990). Monseñor Romero, un enviado de Dios para salvar a su pueblo. *Revista Latinoamericana de Teología* 19. In: Id. *Escritos teológicos* 3, 2002, 93-101. San Salvador: UCA Editores.

_____ (1993). Misión actual de la Compañía de Jesús. *Revista Latinoamericana de Teología* 29. In: Id. *Escritos teológicos* 3, 2002, 173-176. San Salvador: UCA Editores.

_____ (2013). Carta de Ignacio Ellacuría a Monseñor Romero. *Carta a las Iglesias* 640.

SOBRINO, Jon. (1985). El significado de Monseñor Romero para la teología. *ECA* 437.

_____ (1999). Monseñor Romero y la fe de Ignacio Ellacuría. In: SOBRINO, Jon; ALVARADO, Rolando (eds.). *Ignacio Ellacuría. "Aquella libertad esclarecida"*, 11-26. San Salvador: UCA Editores.

_____ (2013). *Monseñor Romero*. San Salvador: UCA Editores.

O caráter práxico da teologia

Francisco de Aquino Júnior

A expressão *Teologia da Libertação* (TdL) designa tanto um *movimento eclesial mais ou menos reflexo* ("práxis teologal") quanto seu *momento mais explícita e estritamente teórico* ("teoria teológica"). Desde o início, ela foi compreendida e desenvolvida nessa tensão estrutural teoria-práxis, embora o vínculo ou nexo entre teoria e práxis tenha sido mais afirmado e pressuposto que explicitado e justificado.

Nossa pretensão, aqui, é explicitar e justificar, do ponto de vista estritamente teórico, esse pressuposto epistemológico fundamental da TdL. Para isso, esboçaremos de modo mais elaborado a problemática teoria-práxis (I), situaremos a discussão sobre o processo de conhecimento teológico na TdL no horizonte dessa problemática (II) e explicitaremos o caráter práxico da teologia (III).

Francisco de Aquino Júnior

A problemática teoria-práxis

Certamente, ninguém nega que há algum vínculo ou nexo entre teoria e práxis. Pelo menos na medida em que a práxis pode se tornar assunto ou objeto da teoria e que a teoria pode orientar ou auxiliar a práxis. Isso é evidente. A questão é saber que tipo de vínculo se dá aqui e se esse é o único vínculo possível entre ambas. Vejamos:

Poderia acontecer que *teoria e práxis* fossem realidades completas e autossuficientes e que entre elas não se desse mais que mera *relação* entre *relatos* que, em si e por si, são completamente independentes um do outro. Neste caso, teríamos duas realidades ou relatos (teoria e práxis) que poderiam ou não estabelecer algum contato entre si (relação). Tratar-se-ia, aqui, de um *vínculo puramente externo*, na medida em que nem a teoria seria um momento constitutivo da práxis nem muito menos a práxis seria um aspecto constitutivo e determinante da teoria. Isso não nega a possibilidade e mesmo a necessidade do vínculo entre teoria e práxis, simplesmente determina o tipo de vínculo que se dá entre elas: relação entre relatos já constituídos.

No fundo, essa postura se enraíza e se fundamenta naquele dualismo radical que constitui e caracteriza a civilização ocidental desde suas origens até os nossos dias (inteligência x sensibilidade)[1] e que está na origem de muitos outros dualismos (sensível x suprassensível; material x espiritual).[2] Segundo Zubiri, "a filosofia clássica sempre opôs o inteligir ao sentir. Inclusive quando alguma vez tentou com Kant unificá-los, tratou-se sempre de 'unificação', mas não de 'unidade' estrutural formal".[3] Esse modo de abordar a sensibilidade e a inteligência contém uma afirmação fundamental e decisiva: "inteligir é posterior a sentir, e essa posterioridade é uma oposição. Foi a tese inicial da filosofia desde Parmênides, que vem

---

[1] Cf. ZUBIRI, Xavier. *Inteligencia sentiente. Inteligencia y realidad*. Madrid: Alianza, 2006, 24.
[2] Cf. ELLACURÍA, Ignacio. La nueva obra de Zubiri: Inteligencia sentiente. In: *Escritos Filosóficos III*. San Salvador: UCA, 2001, 297-317, aqui 312.
[3] ZUBIRI, op. cit., 79.

gravitando imperturbavelmente com mil variantes sobre toda a filosofia europeia".[4] O mais estranho é que tal oposição se deu sem que se explicitasse em que consiste propriamente o sentir e em que consiste propriamente o inteligir.[5] E "como não se determinou o que sejam o inteligir e o sentir enquanto tais, resulta que sua suposta oposição fica então no ar".[6]

Na verdade, quando se analisam mais detidamente o sentir e o inteligir humanos, como fez Xavier Zubiri em sua trilogia sobre a *Inteligencia sentiente* (realidade, logos e razão), chega-se a outra conclusão:

> o sentir humano e o inteligir não apenas não se opõem, mas constituem em sua unidade intrínseca e formal um só e único ato de apreensão. Este ato, enquanto senciente, é *impressão*, enquanto intelectivo é *apreensão de realidade*. Portanto, o ato único e unitário de intelecção senciente é impressão de realidade. Inteligir é um modo de sentir, e sentir é no homem um modo de inteligir.[7]

Noutras palavras, o animal humano sente inteligindo ("sentir intelectivo")[8] e intelige sentindo ("intelecção senciente").[9] Há, portanto, entre o inteligir e o sentir "uma unidade estrutural radical pela qual o sentir mesmo é intelectivo e a intelecção mesma é senciente".[10] E assim, diz Ellacuría, "a partir da intelecção senciente, dá-se uma superação radical de toda forma de dualismo entre inteligir e sentir".[11] Com isso, podemos superar também a clássica separação e/ou oposição entre teoria e práxis, pensando o vínculo entre ambas como algo constitutivo e não como mera relação.

---

[4] Ibid., 11s.
[5] Cf. ibid., 24s, 79.
[6] Ibid., p. 25.
[7] Ibid., p. 13.
[8] Ibid., p. 82.
[9] Ibid., p. 83.
[10] ELLACURÍA, Ignacio. La obra de Xavier Zubiri sobre a inteligencia humana, cit., 333-342, aqui 336.
[11] Ibid.

Nessa perspectiva, *teoria e práxis* não constituiriam relatos completos e autossuficientes entre os quais se pudesse ou mesmo se devesse estabelecer alguma relação, mas seriam *momentos constitutivos uma da outra*: a teoria seria um momento da práxis e a práxis seria um aspecto determinante da teoria. De modo que não haveria práxis sem teoria nem teoria sem práxis. Na verdade, a práxis, enquanto ação humana,[12] tem como uma de suas notas constitutivas a intelecção. Não há práxis que não seja, de alguma forma e em alguma medida, inteligente: "é inevitável algum modo de teoria em qualquer práxis humana e mesmo em qualquer práxis sócio-histórica".[13] E a teoria, enquanto intelecção, é *uma* nota fundamental da ação humana que, por mais irredutível que seja, só atua "em unidade primária com todas as demais notas da realidade humana":[14] é "um momento de uma práxis unitária da qual recebe sua última determinação".[15] Trata-se, aqui, portanto, de um *vínculo interno*, no qual teoria e práxis se constituem em *respectividade*[16] uma para com a outra (a teoria é *um momento* da práxis e a práxis tem como *uma de suas notas* fundamentais a teoria), antes e para além de qualquer relação.

Mais que de *relação* (entre relatos), há que se falar, aqui, portanto, de *respectividade* (de notas). E, nesse sentido, não basta afirmar que a práxis *pode* se tornar assunto ou objeto da teoria e que a teoria *pode* orientar ou auxiliar a práxis, como se se tratasse simplesmente de relacionar relatos já constituídos que, em princípio, nada teriam a

---

[12] Cf. ZUBIRI, Xavier. *Sobre el Hombre*. Madrid: Alianza, 1998, 11-18; Id. *Inteligencia sentiente*, cit., 282ss.

[13] ELLACURIA, Ignacio. Relación teoría y praxis en la teología de la liberación. In: Id. *Escritos teológicos I*. San Salvador: UCA, 2000, 235-245, aqui 235.

[14] Id. Hacia una fundamentación del método teológico latinoamericano. In: Id., *Escritos teológicos I*, 187-218, aqui 206.

[15] Id. Relación teoria y praxis en la teologia de la liberación, cit.

[16] Para Zubiri, "respectividade é um caráter metafísico da realidade e não simplesmente uma relação ou propriedade entre outras das coisas reais" (ZUBIRI, Xavier. Respectividad de lo real. In: Id. *Escritos menores: 1953-1983*. Madrid: Alianza, 2006, 173-215, aqui 175). A distinção zubiriana entre "relação" e "respectividade" é algo fundamental na filosofia e na teologia de Ellacuría. Ela permite superar muitas formas de dualismo e apreender a realidade, simultaneamente, em sua riqueza irredutível de elementos, aspectos e dimensões e em sua unidade radical.

O caráter práxico da teologia

ver um com o outro. É preciso reconhecer que toda práxis tem como *uma de suas notas* fundamentais, constitutivas e determinantes a intelecção, e que toda teoria, enquanto intelecção, constitui-se como *um momento* fundamental, constitutivo e determinante de uma práxis, estruturada por uma diversidade de notas (intelecção, sentimento e volição) coerente ou sistematicamente articuladas entre si.

A TdL no horizonte da problemática teoria-práxis

Depois de esboçar a problemática teoria-práxis, situaremos a discussão sobre o processo do conhecimento teológico na TdL no horizonte dessa problemática, ou seja, circunscreveremos e formularemos a questão do fazer teológico nos termos teoria-práxis.

Na verdade, esse novo horizonte teórico do fazer teológico começa a ser esboçado no contexto da renovação teológica que se desenvolve na Europa depois da Segunda Guerra mundial e se consolida no movimento de renovação conciliar, particularmente em sua recepção e desenvolvimento na América Latina com a TdL.[17] Seja pela necessidade e urgência de transformações sociais, políticas, econômicas, culturais e religiosas (Europa pós-guerra, movimentos de libertação na América Latina, Vaticano II – Medellín etc.), seja pela descoberta do caráter histórico do conhecimento (filosofias hermenêuticas, filosofias da linguagem, filosofias da vida, da ação, da práxis, ciências sociais, históricas, culturais etc.), a teologia foi aos poucos explicitando e enfatizando sua origem e sua finalidade práxicas, embora nem sempre tenha conseguido perceber e formular adequadamente o caráter práxico do conhecimento enquanto tal. Primeiro na Europa (Moltmann, Metz, Schillebeeckx).[18] Depois

---

[17] Cf. ALFARO, Juan. Problemática actual del método teológico en Europa. In: RUIZ MALDONALDO, Enrique. *Liberación y cautiverio. Debates en torno al método de la teología en América Latina.* México: Venecia, 1976, 409-429, aqui 409.

[18] Cf. ibid., 421-429.

45

na América Latina com a TdL.[19] Aqui, especialmente, insistiu-se no vínculo teoria-práxis. Embora com concepções distintas da práxis (vida cristã, cultura popular, atividade social e política, Reinado de Deus etc.) e de seu vínculo com a teoria (ato primeiro – ato segundo, mediações, círculo hermenêutico, momento da práxis), os teólogos da libertação sempre entenderam a TdL como uma teologia da práxis: "um momento do processo por meio do qual o mundo é transformado" (Gustavo Gutierrez);[20] uma espécie de praxeologia da libertação (Hugo Assmann);[21] "momento consciente e reflexo da práxis eclesial" (Ignacio Ellacuría);[22] "teologia do político e suas mediações" (Clodovis Boff);[23] "intelectus amoris" (Jon Sobrino),[24] entre outros. O problema é que isso sempre foi muito mais pressuposto que explicitado e elaborado, como se fosse algo evidente e indiscutível e como se todos pensassem e dissessem o mesmo ao falarem de teoria-práxis. Com raríssimas exceções, os teólogos da libertação quase nunca se confrontaram de modo mais profundo e consequente com essa problemática. E os poucos que o fizeram, Clodovis Boff e Ignacio Ellacuría, partiram de pressupostos teóricos tão diferentes que chegaram a conclusões não apenas distintas, mas, sob certos aspectos, até mesmo contrárias.

Clodovis Boff, apoiado numa concepção idealista do saber e do conhecimento (Aristóteles, Tomás de Aquino, Althusser),[25]

---

[19] Cf. GONZÁLEZ, Antonio. La vigencia del "método teológico" de la teología de la liberación. *Sal Terrae* 983 (1995) 667-675; Id. El significado filosofico de la teología de la liberación. In: COMBLIN, José; GONZÁLEZ FAUS, José Ignácio; SOBRINO, Jon. *Cambio social y pensamiento cristiano en América Latina*. Madrid: Trotta, 1993, 145-160.

[20] GUTIÉRREZ, Gustavo. *Teologia da libertação: perspectivas*. São Paulo: Loyola, 2000, 74.

[21] Cf. ASSMANN, Hugo. *Teología desde la praxis de la liberación. Ensayo teológico desde la América dependiente*. Salamanca: Sígueme, 1973, 62-65.

[22] Cf. ELLACURÍA, Ignacio. La teología como momento ideológico de la praxis eclesial. In: Id., *Escritos teológicos I*, 163-185.

[23] Cf. BOFF, Clodovis. *Teologia e prática: teologia do político e suas mediações*. Petrópolis: Vozes, 1993.

[24] Cf. SOBRINO, Jon. *El principio-misericordia: bajar de la cruz a los pueblos crucificados*. Santander: Sal Térrae, 1992, 47-80.

[25] BOFF, op. cit., 22, 29ss; Id. Como vejo a teologia latino-americana trinta anos depois. In: SUSIN, Luis Carlos (org.). *O mar se abriu: trinta anos de teologia na América Latina*. São Paulo:

O caráter práxico da teologia

chega a afirmar que "as coisas reais permanecem atrás do processo cognitivo",[26] que "a práxis não é mediação teórica alguma"[27] e que "uma prática teológica como tal só é 'culpável' dos critérios de sua gramática, isto é, do conjunto das regras que organizam seu discurso".[28] É como se o conhecimento fosse autossuficiente, complemento independente da realidade, reduzido a seu momento discursivo, e como se a verdade se reduzisse à coerência interna e ao rigor da argumentação, independentemente de se esse sistema discursivo, por mais coerente e lógico que seja, expressa/traduz ou não a realidade tal como ela é e se dá a conhecer. Nessa perspectiva, é claro, a práxis não é um aspecto constitutivo do processo de conhecimento teológico enquanto tal. Na formulação de Boff, ela pode ser "matéria prima" da teologia e/ou "meio no qual" o teólogo vive (*medium in quo*), mas jamais "meio com o qual" se faz teologia (*medium quo*).[29] Consequentemente, o ponto de partida e o princípio fundamental da teologia *só* podem ser para Boff a positividade da fé (*fides quae*),[30] embora reconheça que em seu fazer teológico a teologia oriental tenha privilegiado a dimensão experiencial da fé (*fides qua*), e a TdL tenha privilegiado a dimensão práxica da fé.[31] Boff assume, portanto, uma concepção do saber e do conhecimento, na qual a práxis não

---

Loyola, 2000, 79-95, aqui 86. Desde Parmênides foi-se dando um processo de subsunção da intelecção à "declaração do que a coisa é"; "foi se identificando intelecção e logos predicativo. Foi o grande descobrimento de Platão no *Sophistes* que culminou em Aristóteles, para quem o logos mesmo é *apóphansis* do que a coisa é. É o que chamo de *logificação da inteligência*" (ZUBIRI, op. cit., 86). "Por esse mesmo caminho, foi-se desviando a filosofia escolástica, tão admiradora de Aristóteles em suas diferenças com Platão, que não se deu conta das consequências gravíssimas que implicava a teoria aristotélica da inteligência para um verdadeiro realismo" (ELLACURÍA, Ignacio. La superación del reduccionismo idealista en Zubiri. In: *Escritos filosóficos III*. San Salvador: UCA, 2001, 403-430, aqui 405).

26 BOFF, Clodovis. *Teologia e prática: teologia do político e suas mediações*, cit., 147.
27 Id. Teologia e prática. *REB* 36/144 (1976) 789-810, aqui 796.
28 Id. *Teologia e prática: teologia do político e suas mediações*, cit., 60.
29 Cf. ibid., 157, 377, 385.
30 Id. *Teoria do método teológico*, cit., 111; Id. Retorno à arché da teologia. In: SUSIN, Luis Carlo (org.). *Sarça ardente. Teologia na América Latina: prospectiva*. São Paulo: Paulinas, 2000, 145-187, aqui 148s.
31 Cf. id. Teología. In: TAMAYO-ACOSTA, Juan José. *Nuevo diccionario de teología*. Madrid: Trotta, 2005, 866-870, aqui 866s.

interfere diretamente na teoria teológica: fica antes (pressuposto) ou depois (visada).[32] E, assim, além de reduzir o conhecimento teológico a seu momento discursivo e de não assumir de modo consequente a mediação práxica de toda a linguagem (também teológica), acaba negando a "densidade epistemológica da práxis" que, ao menos teoricamente, chega a admitir em algum momento.[33] Com isso, nega, de fato, uma das intuições e um dos princípios teóricos mais fecundos e mais determinantes dessa "maneira nova de fazer teologia", que é a TdL: o primado da práxis. E ao negar o caráter práxico do conhecimento, acaba negando a outra intuição fundamental e determinante da TdL enquanto teoria: a perspectiva do pobre e oprimido como lugar teológico fundamental, como se o conhecimento fosse neutro e estivesse acima dos interesses e conflitos sociais.

Ignacio Ellacuría, por sua vez, apoiado numa concepção práxico-realista do saber e do conhecimento (Xavier Zubiri),[34]

(1) compreende a intelecção humana como apreensão da realidade e enfrentamento com ela,[35] (2) afirma que "a principal fonte de luz [da teoria] é, certamente, a realidade e não – quem sabe – que condições aprióricas do sujeito humano", embora precise que "essa realidade só é fonte de luz referida à inteligência, a uma inteligência, claro, que, por sua vez, está vertida à realidade",[36] (3) fala da teoria como um momento da práxis: "momento teórico da práxis"[37] e, consequentemente, trata a "teoria teológica" como um momento da

---

[32] Id. *Teologia e prática: teologia do político e suas mediações*, cit., 147.
[33] Id. Prefácio autocrítico. In: Ibid., III-XII, aqui V.
[34] Cf. ELLACURÍA, Ignacio. Hacia una fundamentación del método teológico latinoamericano, cit., 187-218, aqui 206, nota 32.
[35] Cf. ibid., 207.
[36] Id. Función liberadora de la filosofia. In: *Escrito políticos I*. San Salvador: UCA, 1993, 93-121, aqui 105. "A realidade faz seu trabalho, mas a inteligência também faz o seu, e a respectividade entre ambas adquire modalidades distintas que, sem negar ou anular a prioridade da realidade, não nega o dinamismo e mesmo a atividade próprios da mente humana, em seu afã de arrancar da realidade toda a sua luz, mediante enfoques distintos que a própria inteligência vai gerando" (ibid.).
[37] Ibid., 111.

"práxis teologal".[38] Evidentemente, trata-se de *um* momento irredutível com estrutura e dinamismo próprios, com exigências, atividades e aparato técnico específicos, mas de um *momento* de um processo mais amplo que é a práxis teologal – a realização histórica do reinado de Deus. Nesta perspectiva, a "práxis teologal" não fica simplesmente atrás (pressuposto) ou na frente (visada) da "teoria teológica", como para Boff, mas é parte do próprio processo de construção da "teoria teológica" (*medium quo*). Seja na medida em que constitui a realidade a ser teologizada e, assim, determina, em alguma forma, seu acesso intelectivo; seja na medida em que produz e/ou medeia as próprias possibilidades intelectivas (estruturas de pensamento, conceitos, etc.); seja na medida em que direciona o fazer teológico em função de determinados interesses mais ou menos legítimos do ponto de vista evangélico; seja na medida em que se constitui em lugar de historicização e de verificação da teoria teológica. Ellacuría parte, portanto, de uma concepção do saber e do conhecimento que lhe permite superar a tradicional e dominante visão idealista do conhecimento teológico, da qual Boff é um exemplo exímio, e assumir, de modo consequente, teórica e teologicamente, a "densidade epistemológica da práxis" e, com ela, o caráter determinante do lugar social dos pobres e oprimidos no fazer teológico.

E é nessa perspectiva aberta por Ignacio Ellacuría que abordaremos a seguir o caráter práxico da teologia. Nosso intento é mostrar como a práxis teologal é determinante e constitutiva da teoria teológica, ou seja, como o processo de conhecimento teológico é um processo constitutivamente práxico.

O caráter práxico da teologia

Tendo formulado adequadamente a problemática teoria-práxis e tendo situado a TdL no horizonte dessa problemática, resta-nos

---

[38] Cf. Id. Relación teoría y praxis en la teología de la liberación, cit., 235; Id. La teología como momento ideológico de la praxis eclesial, cit., 171.

Francisco de Aquino Júnior

explicitar o caráter práxico da teologia. Ele tem a ver com a realidade a ser inteligida pela teologia (1), com o desenvolvimento da atividade intelectiva (2), com o caráter interessado dessa atividade (3) e com o processo de verificação e de historicização da teologia (4). Vejamos.

Realidade a ser inteligida pela teologia

O caráter práxico da teologia diz respeito antes de tudo à própria realidade a ser inteligida por ela. Diferentemente do que se costuma pensar e do que dá a entender uma abordagem meramente etimológica da expressão (*Theós* = Deus e *logia* = palavra), a teologia não trata de Deus sem mais. Trata de Deus, sim, enquanto e na medida em que se faz presente e atua na história. Trata, portanto, da *ação de Deus na história*, que é sempre, de alguma forma e em alguma medida, *re-ação* frente a determinadas situações e acontecimentos (salvação) e *inter-ação* com pessoas e povos concretos (povo de Deus – Igreja). Daí a insistência de Ellacuría em que o assunto ou o objeto da teologia cristã não seja Deus sem mais, mas o *Reinado de Deus*.[39]

"Evidentemente, não se trata da materialidade do termo",[40] como se não fosse possível formular o assunto da teologia cristã de outro modo. Mas tampouco se trata, aqui, de uma mera "fórmula verbal ou de um rodeio estilístico para falar de Deus sem mais",[41] como se não houvesse razões objetivas para preferir esta expressão a outras. A opção de Ellacuría pela expressão Reinado de Deus se dá tanto por seu caráter práxico (ação de Deus na história),[42] quanto por sua

---

[39] Cf. Id. Fe y justicia. In: *Escritos teológicos III*. San Salvador: UCA, 2002, 307-373, aqui 311; Id. La teología como momento ideológico de la praxis eclesial, cit., 175s; Id. Relación teoría y praxis en la teología de la liberación, cit., 235, 240s; Id. Teología de la liberación frente al cambio socio-histórico en América Latina. In: *Escritos teológicos I*, cit., 313-345, aqui 315; Id. Aporte de la teología de la liberación a las religiones abrahámicas en la superación del individualismo y del positivismo. In: *Escritos teológicos II*. San Salvador: UCA, 2000, 193-232, aqui 202s.

[40] Id. Recuperar el reino de Dios: Desmundanización e historización de la Iglesia, cit., 307-316, aqui 312.

[41] Id. La teología como momento ideológico de la praxis eclesial, cit., 176.

[42] Cf. id. Recuperar el reino de Dios: Desmundanización e historización de la Iglesia, cit., 314s; Id. La teología como momento ideológico de la praxis eclesial, cit., 167s, 178ss; Id. Hacia una fundamentación del método teológico latinoamericano, cit., 212s.

referência direta a Jesus Cristo (centro de sua vida e missão)[43] e a sua Igreja (povo de Deus – Igreja),[44] quanto por seu caráter salvífico (parcialidade pelos pobres e oprimidos),[45] quanto, ainda, por seu potencial englobante e totalizador do assunto da teologia cristã (Deus e seu reinado na história).[46]

Mas com isso ainda não dissemos tudo. O caráter práxico da teologia enquanto teoria não se deduz simplesmente da afirmação de que ela trata do Reinado de Deus ou da ação salvífica de Deus na história, portanto, de uma práxis. Ele tem a ver, sobretudo, com o caráter determinante da realidade a ser inteligida no próprio processo de intelecção. É que o modo de intelecção depende em boa medida da realidade a ser inteligida: a intelecção de uma realidade puramente biológica é distinta da intelecção de uma realidade pessoal; a intelecção de uma realidade puramente espiritual (se é que é possível) é distinta da intelecção de uma realidade histórica, por mais espiritual que seja. Sendo assim, a determinação do Reinado de Deus como assunto da teologia é, em boa medida, a determinação de seu próprio processo de intelecção, uma vez que o acesso intelectivo a uma realidade qualquer depende em grande parte do modo como esta realidade está constituída e se deixa inteligir.

O caráter práxico da teologia tem a ver, portanto, com a realidade a ser inteligida (Reinado de Deus como práxis) e com a determinação do próprio processo de intelecção pela realidade a ser inteligida (Reinado de Deus como determinante de seu acesso intelectivo). Tanto pelo *assunto* quanto pelo *modo de tratamento*, a teologia é uma atividade fundamentalmente práxica.

---

[43] Cf. Id. Recuperar el reino de Dios: Desmundanización e historización de la Iglesia, cit., 313s; Id. La teología como momento ideológico de la praxis eclesial, cit., 175s; Id. Aporte de la teología de la liberación a las religiones abrahámicas en la superación del individualismo y del positivismo, cit., aqui 202s.

[44] Cf. Id. Iglesia como pueblo de Dios. In: *Escritos teológicos II*, cit., 317-342.

[45] Cf. Id. Recuperar el reino de Dios: Desmundanización e historización de la Iglesia, cit., 315s; Id. La teología como momento ideológico de la praxis eclesial, cit., 182ss.

[46] Cf. Id. La teología como momento ideológico de la praxis eclesial, cit., 176ss; Id. Teología de la liberación frente al cambio socio-histórico en América Latina, cit., 315s.

Desenvolvimento da atividade intelectiva

Mas o caráter práxico da teologia não diz respeito apenas ao *reinado de Deus* enquanto *assunto* da teologia e enquanto determinante de seu *acesso intelectivo*. Diz respeito também ao próprio quefazer teológico, enquanto atividade intelectiva. É que a atividade intelectiva é uma atividade intrinsecamente práxica.

Primeiro, por ser ela mesma "um dos momentos essenciais de toda práxis possível":[47] a teologia é um momento da práxis do Reinado de Deus. Como vimos anteriormente, por mais irredutível que seja e por mais importante e determinante que seja, a atividade intelectiva é apenas uma nota da ação humana e só se dá em respectividade e interação com as outras notas da ação humana. Aliás, em sentido estrito, nem deveríamos falar de atividade intelectiva, como se fosse uma atividade completa diante das atividades não intelectivas. Deveríamos falar sempre de uma nota ou de um momento da ação humana. Sem falar que, dependendo da realidade a ser inteligida, como é o caso do Reinado de Deus, o conhecimento, além de ser um momento da práxis, necessita da práxis "não apenas para sua comprovação científica, mas também para pôr-se em contato com a fonte de muitos de seus conteúdos".[48]

Segundo, pelo caráter intrinsecamente práxico do momento intelectivo da ação humana. Seu desenvolvimento depende, em grande parte, das possibilidades intelectivas disponíveis em um determinado momento, de sua apropriação e, a partir dela, da criação de novas possibilidades intelectivas. Por um lado, depende em cada momento das "possibilidades" teóricas disponíveis. Elas "se constituem como resultado de uma marcha histórica e representam o substrato a partir do qual se pensa".[49] E isso é distinto em cada época, em cada povo, em cada situação. Não se conta sempre com as mesmas

---

[47] Id. Hacia una fundamentación del método teológico latinoamericano, cit., 211.
[48] Ibid.
[49] Ibid., 209.

possibilidades teóricas. Mas conta-se sempre com algumas possibilidades e somente a partir delas e com elas dá-se o processo de intelecção. Elas o condicionam positiva (possibilitando-o) ou negativamente (dificultando-o ou impedindo). Por outro lado, "a inteligência, inclusive nos casos mais teóricos, tem um momento de opção".[50] E, aqui, reside o caráter fundamentalmente práxico do momento intelectivo da ação humana. É preciso optar entre as possibilidades disponíveis em cada momento e a partir delas ir criando novas possibilidades intelectivas. O processo de *apropriação de possibilidades* intelectivas vai se constituindo, assim, como um processo de *capacitação* intelectiva: "a constituição da possibilidade real é ela mesma processual, e é o que formalmente deve entender-se como capacitação; a capacitação é um processo pelo qual se vai incorporando ao sujeito em questão um poder-poder, um poder possibilitar, um poder fazer possível".[51] De modo que nenhuma formulação teórica, por mais abstrata e especulativa que seja, explica-se, simplesmente, a partir de si mesma. Depende, sempre, em alguma medida, das possibilidades intelectivas disponíveis e apropriadas e da capacitação para a criação de novas possibilidades intelectivas.

Seja enquanto momento constitutivo da práxis, seja enquanto processo de apropriação e criação de possibilidades intelectivas, o desenvolvimento da atividade intelectiva se constitui, portanto, como um processo fundamentalmente práxico. Além de ser um *momento da práxis*, é um *momento práxico*.

Caráter interessado da atividade intelectiva

Além da realidade a ser inteligida (Reinado de Deus como assunto da teologia e como determinante de seu acesso intelectivo) e do próprio processo de intelecção (momento da práxis e momento práxico),

---

[50] Ibid., 209.
[51] Id. *Filosofia de la realidad histórica*. San Salvador: UCA, 1999, 554.

o caráter práxico da teologia tem a ver também com os interesses inerentes a toda atividade intelectiva.

Enquanto momento da práxis (intelecção-sentimento-volição) e enquanto momento práxico (apropriação e criação de possibilidades intelectivas), a intelecção tem uma origem e uma finalidade páxicas e, enquanto tal, ela é condicionada por interesses mais ou menos explícitos. Assim como toda práxis está condicionada por e responde a certos interesses, assim também seu momento intelectivo.

Não existe práxis desinteressada. Tampouco a práxis do Reinado de Deus. Toda ação, toda práxis está estruturada e dinamizada a partir e em função de determinados interesses que podem estar ou não explicitados e que podem ser mais ou menos legítimos do ponto de vista evangélico. Mesmo a ação mais gratuita é uma ação interessada: no bem do outro, mas interessada. Ao se reagir a certos acontecimentos ou situações de um modo ou de outro, optando-se por determinadas possibilidades de re-ação/inter-ação dentro do conjunto de possibilidades disponíveis, faz-se sempre por uma alguma razão ou por algum interesse que pode estar em conflito com outros interesses. E isso, em boa medida, condiciona e determina a atividade intelectiva, enquanto momento da práxis. Não poderia ser diferente. Se a intelecção é um momento da práxis e se a práxis está estruturada a partir e em função de determinados interesses, é claro que esses interesses estruturam e determinam, de alguma forma e em alguma medida, o momento mais propriamente intelectivo da práxis.

Primeiro, por sua origem e finalidade práxicas. "O conhecer humano [...], sobretudo em disciplinas como a teologia que faz referência explícita a realidades humanas, desempenha, junto à sua função de contemplação e de interpretação, uma função práxica que vem de e se dirige à configuração de uma determinada estrutura social."[52] Não apenas procede de uma práxis interessada, mas acaba favorecendo aos interesses inerentes à essa mesma práxis, na medida em

---

[52] Id. Hacia una fundamentación del método teológico latinoamericano, cit., 210.

que "se converte em favorecedora ou contraditora de determinadas forças sociais".[53] E assim se dá com a teologia: não apenas procede da práxis do Reinado de Deus (origem), mas está a serviço dessa mesma práxis (finalidade). De uma forma ou de outra, está condicionada e dinamizada por um interesse muito concreto: a realização do Reinado de Deus.

Segundo, por seu caráter práxico. Já vimos que o processo de intelecção se dá mediante a apropriação e a criação de possibilidades intelectivas. E esse processo está condicionado "por uma multidão de elementos que não são puramente teóricos",[54] mas que dependem de condições e interesses biográficos e históricos. A opção por investigar uma realidade concreta ou algum aspecto ou dimensão dessa realidade e a opção por certas mediações teórico-conceituais nunca são neutras nem se dão por razões meramente teóricas. Isso, que vale para o pensamento em geral, vale, particularmente, para o pensamento teológico, muito mais propenso a "desfigurações e manipulações nem sempre conscientes", dado o caráter "aparentemente" inverificável de muitas de suas afirmações.[55] Daí a necessidade de "se perguntar temática e permanentemente a que mundo social respondem, já que nem sequer uma formulação puramente teórica se explica em todo seu sentido só a partir de si mesma".[56] Ora, "a atividade teológica, além de estar submetida a múltiplas pressões de ordem social, que si não são desmascaradas mistificam seus resultados, tem que lançar mão de recursos teóricos que podem ser resultado de ideologizações mais ou menos larvadas".[57] De uma forma ou de outra, implícita ou explicitamente, ela está sempre condicionada por interesses mais ou menos legítimos do ponto de vista evangélico.

---

[53] Ibid., 214.
[54] Ibid., 209s.
[55] Id. La teología como momento ideológico de la praxis eclesial, cit., 165.
[56] Id. Hacia una fundamentación del método teológico latinoamericano, cit., 210.
[57] Ibid., 214.

Seja por sua origem e finalidade práxicas (Reinado de Deus), seja por seu caráter práxico (apropriação de possibilidades teórico-conceituais), o fazer teológico está sempre condicionado e dinamizado por determinados interesses que o tornam uma atividade constitutivamente práxica – vale a redundância.

Verificação e historicização da teologia

Por fim, o caráter práxico da teologia tem a ver com sua verificação e com sua historicização. Enquanto momento intelectivo da práxis do Reinado de Deus, a teologia está a serviço dessa práxis e tem nela seu lugar e seu principio de verificação.

Por um lado, a teologia tem na práxis do Reinado de Deus seu lugar e seu princípio de verificação fundamentais. Enquanto intelecção de uma realidade histórico-práxica (Reinado de Deus), ela verifica sua veracidade nessa práxis e o faz praxicamente. De modo que a práxis, além de *lugar* de experiência ou provação da teoria (onde), constitui-se em *princípio* com o qual se mede ou se pondera sua veracidade (como). Se é teoria de uma práxis, a teologia pode e deve ser testada/provada nessa práxis (lugar) e pode e deve ser praticável-historicizável (princípio). Na verdade, diz Ellacuría:

> uma teoria teológica que não seja verificável na práxis teologal carece ao menos de uma de suas dimensões essenciais, que é a historicidade. Podem dar-se partes ou aspectos de uma teoria que não sejam verificáveis de forma direta e, inclusive, que sua verificabilidade de forma indireta não seja constringente. Mas, na medida em que a teoria teológica é um modo de teorização de uma fé que é salvífica, tem que encontrar como totalidade alguma forma de verificação histórica desse caráter salvífico.[58]

Por outro lado, a teologia está a serviço do Reinado de Deus e deve encontrar alguma forma de realizá-lo. Não está interessada apenas em inteligi-lo, mas também em torná-lo realidade. E esse interesse

---

[58] Id. Relación teoría y praxis en la teología de la liberación, cit., 241.

condiciona e determina em alguma medida o próprio processo de intelecção. Enquanto momento intelectivo de uma práxis concreta (Reinado de Deus), a teologia está condicionada e orientada pelos interesses inerentes a essa práxis (sua realização histórica). Não é uma atividade neutra ou des-interessada nem se desenvolve de modo absolutamente objetivo: suas opções teórico-conceituais estão intimamente ligadas a seus interesses práxicos; não apenas provém da práxis (seu momento intelectivo), mas está orientada a essa mesma práxis (sua meta) e, por isso, deve encontrar alguma forma de realização (historicização). Não é que primeiro se faça a teologia (teoria) e depois se procure realizá-la (práxis), como se o interesse práxico não fosse inerente ao desenvolvimento do momento intelectivo da práxis. Por isso mesmo, diz Ellacuría, "uma teologia absolutamente irrelevante para uma situação histórica determinada, além de despotencializar a práxis teologal requerida, deixa de ser um *intelectus fidei* para ser um estudo de inoperatividades".[59]

Seja por seu lugar e princípio de verificação (práxis do Reinado de Deus), seja por sua finalidade (realização ou historicização do reinado de Deus), a teologia enquanto intelecção tem um caráter intrinsecamente práxico.

Conclusão

Toda essa discussão sobre *o caráter práxico da teologia* pode parecer excessivamente especulativa e abstrata e, ironicamente, com pouca ou nenhuma relevância e incidência práxicas. No entanto, ela é muito mais determinante e decisiva no fazer teológico e tem muito mais implicações práticas do que parece à primeira vista.

É que, como adverte Antonio González, "o ponto de partida da teologia determina decisivamente a perspectiva utilizada para abordar teologicamente" um problema qualquer.

---

[59] Ibid., 241s.

> Se a teologia partisse, por exemplo, da pergunta pelo sentido da vida, o diálogo cultural entre as distintas cosmovisões se situaria no primeiro plano de interesse, enquanto outros problemas humanos seriam relegados a um segundo termo ou seriam excluídos do campo da teologia. A eleição adequada do ponto de partida da teologia pode determinar decisivamente a formulação da mensagem que o cristianismo quer transmitir a uma humanidade atravessada por enormes conflitos.[60]

Além do mais, assumir de modo consciente e consequente o caráter práxico da teologia, torna-a mais crítica, mais bíblica e mais relevante historicamente. Afinal, o que é conhecer a Deus senão amá-lo (1Jo 4,8), praticar sua vontade (1Jo 2,3ss), fazer justiça aos pobres e oprimidos (Jr 22,16; Mt 25,31-46)?

---

[60] GONZÁLEZ, Antonio. La vigencia del "método teológico" de la teología de la liberación, cit., 669.

Ignacio Ellacuría e Enrique Dussel:
a propósito das contribuições da fenomenologia para a teologia da libertação

Andrew Prevot

A perspicácia filosófica de Ellacuría é uma das características mais marcantes de sua abordagem da teologia da libertação e um dos traços que tornam seu pensamento especialmente valioso nas discussões contemporâneas a respeito das direções que a teologia da libertação deveria tomar no século XXI. O mesmo se pode afirmar de Enrique Dussel. Contudo, poucos comentadores puseram em diálogo estes dois teólogos da libertação filosoficamente advertidos.[1] Ademais, embora tenha havido recentemente bastante discussão a

---

[1] Mayra Rivera realmente traça algumas conexões entre Ellacuría e Dussel em: *The Touch of Transcendence: A Postcolonial Theology of God* (Louisville: Westminster John Knox, 2007), 41 e 76, mas não oferece nenhuma exposição de fôlego do relacionamento entre eles.

respeito do relacionamento entre fenomenologia e teologia na Europa e nos Estados Unidos, esta discussão tendeu a ignorar as formas particulares que este relacionamento assume nos teóricos da libertação tais como Ellacuría e Dussel.[2]

Este ensaio busca preencher estas duas lacunas ao incorporar as intuições de Ellacuría e Dussel em uma breve reflexão sobre as contribuições que a fenomenologia pode oferecer à teologia da libertação.

Uma questão que este ensaio precisará considerar é se e – se assim for – em que sentido Ellacuría e Dussel pensam fenomenologicamente. Os que têm conhecimento da dependência de Ellacuría e de Dussel em relação à filosofia realista de Xavier Zubiri poderiam objetar que eles estão mais estritamente envolvidos naquilo a que ele chama de "metafísica". Reconhecidamente, supondo-se que a fenomenologia deva implicar algum tipo de idealismo pós-cartesiano, e a metafísica um realismo resolutamente pós-idealista – um uso às vezes apoiado por Zubiri –, então Ellacuría e Dussel estão mais intimamente alinhados com a última.

Contudo, a relação entre estes termos é mais complicada do que este tipo de contraste idealista-realista leva a supor. Esta filosofia realista que Zubiri apresenta como um tipo muito particular de metafísica muito deve aos princípios e às fontes clássicas da fenomenologia; seu conteúdo provém do campo fenomênico da inteligência senciente; e ela resiste às tendências idealizadoras que Zubiri acredita caracterizar o grosso da tradição metafísica. Quando Zubiri alega exceder a fenomenologia, ele pressupõe um delimitado sentido husserliano do termo que está relacionado com os correlatos noético-noemáticos da consciência. De modo oposto, quando ele endossa a metafísica,

---

[2] Cf. Dominique Janicaud, et al., *Phenomenology and the "Theological Turn": The French Debate* (New York: Fordham University Press, 2000) e Bruce Ellis Benson e Norman Wirzba (eds.), *Words of Life: New Theological Turns in French Phenomenology* (New York: Fordham University Press, 2010).

seu apoio estende-se apenas a seu próprio modo fenomenologicamente modulado dela.³

A fim de apreciar as inovações de Ellacuría e de Dussel, juntamente com as de Zubiri, precisamos situar os projetos deles dentro da tradição da fenomenologia criticamente revisada e expandida do século XX, uma tradição que também inclui pensadores tais como Martin Heidegger, Maurice Merleau-Ponty, Emmanuel Levinas, Paul Ricoeur e Jean-Luc Marion, para mencionar apenas uns poucos. De diversas maneiras, cada um dos representantes desta tradição busca superar as limitações das versões anteriores da fenomenologia através de exposições mais radicais às próprias coisas ou aos mistérios que elas abrigam. Ler Ellacuría e Dussel em conexão com esta tradição permite reconhecer a maestria deles em aproximar-se dos níveis de consciência experimental que a fenomenologia fundamentalmente deseja.

A decisão de situar Ellacuría e Dussel em uma tradição fenomenológica revisionista pode produzir pouco para apaziguar aqueles fenomenólogos que permanecem comprometidos com o detalhe de Edmund Husserl ou com alguma repetição, apenas levemente modificada, de seu método fenomenológico. Ellacuría e Dussel poderiam ser acusados de fazer uma virada teológica, ou teopolítica, inválida, que pareceria desconsiderar a suspensão da transcendência prescrita por Husserl.⁴ Contudo, se eles diferem de Husserl e se as intuições fenomenológicas deles são válidas, pode-se argumentar que são duas questões distintas. Aquilo que é essencial à fenomenologia ainda poderia ser encontrado até mesmo em alguns discursos que ousam testar seus limites preconcebidos? Em todo o caso, os teólogos da

---

3   Cf. Xavier Zubiri, *Nature, History, God*, trans. Thomas B. Fowler (Washington, D.C.: University Press of America, 1981), viii-xiv; Diego Gracia, *Voluntad de Verdad: Para leer a Zubiri* (Barcelona: Editorial Labor, 1986), 33-94; e Jesús Conill, Phenomenology in Ortega and in Zubiri. In: Id. *Phenomenology World-Wide: Foundations – Expanding Dynamics – Life Engagements* (ed.). Anna-Teresa Tymieniecka (Dordrecht: Kluwer Academic, 2002), 402-409.

4   HUSSERL, *Ideas: General Introduction to Pure Phenomenology*, trad. W. R. Boyce Gibson (London: Routledge, 2012), seção 58, 112.

libertação podem ter suas próprias razões para voltar-se para a fenomenologia, o que poderia mudar significativamente o debate acerca dos critérios de validação dela.

Outra questão que este ensaio precisa afrontar – pode-se considerar como a questão mais importante – é se e, se assim for, em que aspectos a fenomenologia tem algo a contribuir para a teologia da libertação. Há pelo menos duas razões para duvidar disso. Em primeiro lugar, a fenomenologia poderia ser vista como um obstáculo aos tipos específicos de reflexão crítica e compromisso prático que a teologia da libertação exige. Ela poderia ser interpretada como um discurso eurocêntrico, ideologicamente complacente, ou egologicamente absorvido, que está amplamente indiferente aos imensos sofrimentos e injustiças do mundo e às ações concretas que são exigidas para resistir a eles. Em segundo lugar, a fenomenologia poderia ser vista como um empecilho ao desenvolvimento de uma teologia genuinamente cristã. Se a fonte mais crucial deste tipo de teologia é a autorrevelação de Deus que se dá na Escritura e na Tradição (ou seja, na Revelação), então a fenomenologia poderia parecer apenas oferecer uma série de fontes concorrentes, derivadas das molduras imanentes da experiência humana, as quais poderiam interferir na clara transmissão de tal revelação. Em resumo, a fenomenologia poderia tornar a teologia mais dependente das condições antropológicas gerais do que de uma exposição inequivocamente cristã do Evangelho.

A primeira destas dúvidas ecoa a convicção marxista de que a questão do pensamento não é simplesmente contemplar o mundo, mas mudá-lo. A segunda dúvida exibe uma preocupação barthiana ou balthasariana com a autenticidade do testemunho cristão. Em muitas de suas expressões definitivas, a teologia da libertação combina estas duas ênfases. Gustavo Gutiérrez, Leonardo Boff, Jon Sobrino e muitos outros teólogos da libertação, incluindo-se Ellacuría e Dussel, insistiram em que o Evangelho cristão é um evangelho preferencialmente direcionado aos pobres e oprimidos. Ele expressa as boas notícias de sua libertação histórica e escatológica, mediante as quais, unicamente, todo o mundo pode esperar ser salvo. A revelação bíblica de Deus e o testemunho cristão que a conserva exigem confrontos ativos com as estruturas pecadoras que destroem as vidas dos mais vulneráveis. Por conseguinte, não há nenhuma contradição entre ser fiel à revelação e ouvir os gritos dos que sofrem injustamente e responder decisivamente a eles. Ao contrário, há uma conexão profunda e necessária entre os dois.[5]

Dessa perspectiva unificada, a fenomenologia poderia parecer duplamente suspeita devido às razões mencionadas anteriormente. De fato, os teólogos da libertação poderiam ter algum interesse em alegar, contra os críticos marxistas, que não é o cristianismo que se recusa a desenvolver respostas sérias aos sofrimentos injustos do mundo, mas, antes, vários tipos de teorias supostamente desinteressadas e apolíticas, tais como a fenomenologia, que permanece amplamente indiferente a essa grave situação. De modo inverso, os teólogos da libertação poderiam afirmar, contra os críticos barthianos, que os horizontes secularizantes da imanência moderna são muito mais típicos de vários tipos de filosofias pós-iluministas, como a fenomenologia, do que eles o são de sua própria orientação claramente teológica e querigmática. Por conseguinte, os teólogos da libertação poderiam incorporar as preocupações de Marx e de Barth, para falar heuristicamente aqui, e repelir as principais objeções oriundas destas duas fontes precisamente ao diferenciar nitidamente seus próprios projetos da indesejável imagem de uma fenomenologia não liberativa e não evangelizada.[6]

---

[5] Cf. Ignacio Ellacuría, *Freedom Made Flesh: The Mission of Christ and His Church*, trad. John Drury (Maryknoll, NY: Orbis, 1976), 32-41; Enrique Dussel, *Ethics and Community*, trad. Robert R. Barr (Eugene, OR: Wipf and Stock, 1988), 37-46; Gustavo Gutiérrez, *The God of Life*, trad. Matthew J. O'Connell (Maryknoll, NY: Orbis, 1991), 1-19; Jon Sobrino, *Christ the Liberator: A View from the Victims*, trans. Paul Burns (Maryknoll, NY: Orbis, 2001), 78-95 e 209-20; Leonardo Boff, *Jesus Christ Liberator: A Critical Christology for Our Time*, trans. Patrick Hughes (Maryknoll, NY: Orbis, 1978), 292-94.

[6] Para uma versão da crítica marxista, cf. Alistair Kee, *Marx and the Failure of Liberation Theology* (Philadelphia: Trinity Press, 1990). Para uma versão da crítica barthiana e balthasariana, cf. John Milbank, *Theology and Social Theory: Beyond Secular Reason*, 2. ed. (Malden, MA: Blackwell, 2006), 206-56.

Contudo, esta vereda de separação não parece ser a rota mais auspiciosa a ser tomada, visto que a fenomenologia, em um sentido mais rico do termo, pode ter algo extremamente valioso a oferecer à teologia da libertação, e vice-versa. Sem dúvida, há indícios que apoiam esta alegação. Dussel e Ellacuría demonstram, de maneiras distintas mas relacionadas, que certo tipo de fenomenologia pode elucidar e confirmar interações transformativas entre a humanidade e o Deus libertador da revelação, precisamente na medida em que o lado humano destas interações depende de uma consciência experimentalmente rigorosa da realidade, da carne, da história e do outro (quatro temas que completaremos adiante). Ademais, as abordagens que Ellacuría e de Dussel fazem destes temas esclarecem como a tradição da fenomenologia precisa ser desenvolvida a fim de cultivar este tipo de consciência. Ou seja, estes pensadores mostram que a fenomenologia pode oferecer as mais adequadas contribuições para a teologia da libertação somente se ela sofrer metamorfose significativa em resposta aos fenômenos e dinâmicas divinos, humanos e mundanos particulares que justificada e necessariamente ocupam a atenção dos teólogos da libertação.

Consequentemente, embora as dúvidas precedentes – a partir das perspectivas da metafísica zubiriana, do método husserliano, da práxis crítica marxista e do testemunho barthiano ou balthasariano – sejam justificadas, elas não parecem decisivas. A natureza da fenomenologia e de um tipo de teologia da libertação que se tornaria sua benfeitora e sua beneficiária são questões que permanecem abertas a ulterior consideração. Talvez as identidades futuras destes movimentos possam ser entretecidas. Há implicações para a fenomenologia neste relacionamento. No entanto, as implicações mais prementes aqui têm a ver com o tipo de teologia da libertação que pode emergir. Um tipo de teologia da libertação que tenha internalizado determinados tipos de lucidez fenomenológica estará mais preparada para receber, compreender e pôr em prática as formas concretas de libertação que são prometidas e exigidas pelo Evangelho.

Ignacio Ellacuría e Enrique Dussel

Fenomenologia, sua história e seu desejo

Para começar, precisamos considerar o significado de fenomenologia e indagar em que sentido as obras de Ellacuría e Dussel podem pertencer-lhe. Para tratar destas questões, em primeiro lugar devemos reconhecer que a fenomenologia é formada através de uma história altamente dissimilar, incerta e não rigorosamente fixada. A diversidade resultou em alguns desacordos atinentes a questões fundamentais, tais como o sentido da própria fenomenologia.[7] A incerteza perturbou os críticos da fenomenologia, tanto os internos quanto os externos, e os esforços que foram envidados para superar esta incerteza, mediante diversos – embora duvidosos – métodos, apenas comprovam sua inevitabilidade.[8] Por fim, a história da fenomenologia é sem-fronteiras em pelo menos três modos: com relação a suas origens, que devem ser remontadas a antes de Husserl (posto que ele a fundamente de um modo novo), pelo menos até a emergência do termo "fenomenologia" no século XVIII, mas também pode-se argumentar bem mais para trás, na rica ancestralidade do engajamento reflexivo da humanidade com o mundo; com relação a seu futuro, que permanece imprevisível, e com respeito a suas coordenadas regionais, que não deveriam ser demasiado rapidamente equiparadas com os limites de uma filosofia secular europeia ou euro-americana. A fenomenologia dos tempos futuros pode exceder muitas expectativas prévias, precisamente a fim de recuperar e descobrir suas próprias melhores intuições.[9]

---

[7] As supracitadas revisões da fenomenologia pós-husserliana, que vão em muitas direções diferentes, ilustram este ponto.

[8] Jean-Luc Marion's, Phenomenology of Givenness and First Philosophy. In: Id. *In Excess: Studies of Saturated Phenomena*. Trad. Robyn Horner and Vincent Berraud (New York: Fordham, 2002), 1-29, é indício da busca constante por princípios e métodos certificadores que, talvez, jamais serão inteiramente adequados.

[9] Embora a introdução a Dermot Moran e Timothy Mooney's: *The Phenomenology Reader* (New York: Routledge, 2002) forneça algum sentido da história da fenomenologia pré-husserliana, incluindo o primeiro aparecimento da palavra em Johann Heinrich Lambert (1728-1777), esta introdução contribui pouco para assinalar a meta potencialmente imensa, transmoderna, da fenomenologia. Em contraposição, pode-se considerar a ampla gama de abordagens da fenomenologia encontrada em Emmanuel Falque, *Saint Bonaventure et l'entrée de Dieu en*

Andrew Prevot

Se há alguma unidade na fenomenologia como forma de pensamento, uma unidade que daria algum propósito contínuo a sua multímoda história e tornaria significativa sua aplicação às obras de Ellacuría e de Dussel, pode ser esta: *o desejo de oferecer uma compreensão radical e conceitualmente precisa da experiência*.[10] Este é um desejo que é largamente partilhado entre aqueles pensadores que se consideram fenomenólogos, que têm sido fortemente influenciados por esta tradição, ou que poderiam estar, de outra maneira, intimamente associados a ela. "Radical" implica, aqui, duas coisas: uma compreensão que está radicada na experiência e uma compreensão que quer atingir as raízes (ou seja, as características mais originais ou essenciais) da experiência.[11] Este duplo enraizamento da fenomenologia é indicado por duplicações no debate fenomenológico: procura-se descrever não apenas os fenômenos, mas a fenomenalidade dos fenômenos; não apenas intenções, mas a intencionalidade das intenções. Quer-se descobrir não apenas as coisas mesmas, mas o que faz uma coisa surgir mais profunda e verdadeiramente como uma coisa.[12]

A fim de evitar que este desejo de uma dupla imersão radical na experiência devesse diminuir completamente a esperança da fenomenologia em relação à inteligibilidade ao mergulhar sua consciência

---

théologie (France: *Librairie Philosophique J. VRIN*, 2000), Lewis Gordon, *Existentia Africana: Understanding Africana Existential Thought* (New York: Routledge, 2000), e Bret W. Davis, Brian Schroeder e Jason M. Wirth (eds.), *Japanese and Continental Philosophy: Conversations with the Kyoto School* (Bloomington: Indiana University Press, 2011).

[10] A definição de "experiência" não pode ser tida como certa aqui, mas é precisamente o que deve ser questionado pela fenomenologia; o termo é, portanto, um caractere de preenchimento.

[11] Joseph Kockelmans associa a radicalidade com a apodicticidade em: *A First Introduction to Husserl's Phenomenology* (Pittsburgh: Duquesne University Press, 1967), 62-76. Por esta razão, uma intuição que atingisse as próprias raízes da experiência teria alcançado determinado fundamento para o conhecimento indiscutível. Apesar de esta conexão epistemológica ser evidente em Husserl, não é, de igual modo, determinativa de toda discussão epistemológica de radicalidade, tal como, por exemplo, a "anárquica" oferecida por Levinas em: *Otherwise than Being, or Beyond Essence*, trans. Alphonso Lingis (Pittsburgh: Duquesne University Press, 2004), 99-102.

[12] Um texto importante a respeito desta questão é "A Coisa", de Heidegger, em: *Poetry, Language, Thought*, trad. Albert Hofstadter (New York: Harper Collins, 2001), 161-84.

nas quiçá imponderáveis profundidades da pura tangibilidade, temporalidade ou materialidade, outra tendência também se desenvolveu na tradição fenomenológica que a conserva imbuída na mediação do *logos*.[13] Parece que ao radical deve ser dada a claridade de um conceito a fim de começar até mesmo a satisfazer o desejo do fenomenólogo. Caracteristicamente, a meta não é fazer algum tipo de imposição extrinsecamente linguística sobre algum campo fenomenal presumidamente pré-linguístico, mas antes usar palavras para veicular, tão habilmente quanto possível, as coisas que foram dadas, embora reconhecendo que as palavras (e, portanto, os acontecimentos e as estruturas da linguagem) são uma parte crucial do modo pelo qual as coisas são normalmente dadas.[14]

Os diferentes tipos de filosofia que Ellacuría e Dussel desenvolvem podem ser, até certo ponto, compreendidos de acordo com esse sentido amplo de fenomenologia. Contudo, faria pouco sentido insistir em que os escritos filosóficos deles são exclusivamente fenomenológicos, até mesmo nesse sentido amplo. Em primeiro lugar, outras tradições filosóficas, incluindo-se determinadas teorias críticas de sociedade que pertencem às histórias efetivas de Hegel e Marx, influenciaram grandemente o pensamento deles. Ademais, conforme observado anteriormente, há um modo pelo qual a dependência deles em relação a Zubiri pode levá-los a um espaço de determinado tipo de metafísica realista que, a despeito de consideráveis débitos à fenomenologia, talvez não seja totalmente redutível a ela. Nestas duas formas (e não há exagero em afirmar que em outras mais), Ellacuría e Dussel poderiam ser vistos como a indicar a insuficiência de um método fenomenológico de filosofia.

Mesmo assim, existe algo consideravelmente fenomenológico a respeito do modo pelo qual eles tratam quer os problemas complexos

---

[13] Esta mediação do *logos* é operativa mesmo no caso paradoxal de Michel Henry. Cf. seu *Material Phenomenology*, trans. Scott Davidson (New York: Fordham University Press, 208), 96-98.

[14] Hans-Georg Gadamer empresta clara expressão a esta abordagem agora amplamente aceita em *Truth and Method*, trad. revisada por Joel Weinsheimer e Donald G. Marshall (New York: Continuum, 2004), 436-52.

da sociedade moderna, quer determinadas questões clássicas a respeito das estruturas formais da realidade e da experiência humanas. Eles tratam destas questões com um desejo de compreender como elas entram na experiência e formam-na em suas próprias raízes. Neste empreendimento, são assistidos por numerosos pensadores fenomenológicos (tais como Zubiri, Heidegger, Ricoeur e Levinas), e podem ser levados ao diálogo com outros. Em resumo, as aspirações filosóficas deles jamais estão distantes dos desejos e dos *desiderata* da fenomenologia. As obras deles são parte desta história inacabada. E as contribuições deles devem, portanto, ser levadas em consideração.

Temas fenomenológicos em Ellacuría e Dussel

A fim de confirmar e de aprofundar esta afirmação, discutirei agora as estradas específicas para a fenomenologia disponibilizadas por Dussel e Ellacuría. As vias principais são estas: a realidade em excesso de ontologia, a carne como a estrutura senciente da vida corporal, a história como a fonte constitutiva de dados concretos, de crises devastadoras e de novas possibilidades, e o outro como o antecedente da ética e da sociedade. Muitos destes temas foram tratados de um modo ou de outro pelos fenomenólogos, mas Ellacuría e Dussel retomam-nos segundo suas maneiras peculiares, que são significativamente coordenadas com as preocupações da teologia da libertação. Analisarei esta coordenação mais de perto na próxima seção. Aqui, o objetivo será simplesmente ver que tipos de intuição fenomenológica Ellacuría e Dussel oferecem.

O primeiro destes temas muito deve a Zubiri. Ele insiste em que a realidade não é equivalente ao ser. Ao contrário, ele defende que deveríamos compreender o ser como um derivativo da realidade. O ser seria a atualização ou a manifestação secundária de algo anterior, algo estritamente de si mesmo (*de suyo*). Este algo é "real" no mais profundo sentido. Conforme Zubiri os interpreta, o ser e a realidade não são duas coisas distintas, mas antes duas maneiras diversas de abordar a mesma fenomenalidade. Mas o tratamento da realidade é mais radical – portanto, fenomenologicamente adequado – e mais embaraçoso para qualquer tipo de consciência idealizadora que se possa encontrar na tradição metafísica. A doutrina da realidade de Zubiri erige-se sobre a ruptura de Heidegger com Husserl, radicalizando-a. Anterior às operações de intencionalidade, e mesmo anterior à presença reveladora do ser no mundo, há o irredutível "de si mesmo" de cada coisa que surge por direito próprio. Zubiri acredita que é apenas sobre a insuperável base de sua própria realidade que qualquer coisa é capaz de realização ontológica no mundo e algum grau de realização conceitual para a inteligência.[15]

Isto é uma lição em realismo fenomenológico (ou fenomenologicamente metafísico) que tanto Dussel quanto Ellacuría aprendem de Zubiri. No entanto, dos dois, Ellacuría demonstra que as meditações de Heidegger sobre a movimentada diferença entre o ser e os seres possibilitam-lhe superar o perene perigo filosófico a que Zubiri chama de "entificação da realidade", enquanto revela um problema bastante similar: a "ontologização da realidade". O ser e seu desvelamento para o *Dasein* pareceria, como as estruturas das ciências ônticas, limitar a investigação fenomenológica antes que ela alcance suas raízes mais radicais na concretitude das coisas.[16] O procedimento que Zubiri emprega para distanciar-se da ontologia de Heidegger não poderia também se voltar contra sua "realogia" e repetido *ad infinitum*? Não poderia qualquer termo, até mesmo "realidade", ser tratado como símbolo para algo secundário? Parece difícil rejeitar

---

[15] Zubiri, *The Dynamic Structure of Reality*, trad. Nelson R. Orringer (Urbana: University of Illinois Press, 2003), 14-20.

[16] Ellacuría, La superación del reduccionismo idealista en Zubiri. In: Id. *Escritos filosóficos*, v. 3 (San Salvador: UCA Editores, 2001), 410-12; Robert Lassalle-Klein, Ignacio Ellacuría's Debt to Xavier Zubiri, e Antonio González, Assessing the Philosophical Achievement of Ignacio Ellacuría. In: Id. *Love That Produces Hope: The Thought of Ignacio Ellacuría* (eds.). Kevin Burke e Robert Lassalle-Klein (Collegeville, MN: Liturgical Press, 2005), 73-127; e Dussel, *Philosophy of Liberation*, trans. Aquilina Martinez and Christine Morkovsky (Eugene, OR: Wipf and Stock, 1985), 41.

esse tipo de redução infinda, mas também parece difícil propor qualquer termo que evoque um sentido maior de radicalidade do que a realidade ou seu equivalente formal, *de suyo*. Onde a busca pelas fontes primordiais da experiência encontrariam repouso, senão precisamente naquilo que provém "de si mesmo"?

Em todo caso, as palavras "ser" e "realidade" importam menos do que as interpretações específicas que a elas têm sido dadas. Tais interpretações tendem a voltear em torno de várias alegações acerca de como temos acesso ao ser e à realidade. Embora Heidegger não negligencie inteiramente os sentidos (tais como os da visão e da audição),[17] Zubiri e seus estudantes conseguem, pode-se demonstrar, encontrar grande apoio intelectual em uma figura como Merleau-Ponty, que, como Zubiri, impulsiona a fenomenologia mui decisivamente na direção de nossas percepções corporais. O que Zubiri quer dizer com "realidade" diverge do que Heidegger dá a entender por "ser", não somente porque Zubiri alega que a primeira é mais radical do que este último, mas também porque Zubiri conecta mais enfaticamente a noção de "realidade" à "inteligência senciente" que a reconhece e a recebe. Destarte, a partir da perspectiva zubiriana, a descrição da carne de Merleau-Ponty – a qual revela o sensorial, o corporal e a existência recíproca dos seres e dos si-mesmos em um mundo partilhado, tangível – nos levaria muito mais perto da realidade das coisas do que jamais poderia a interpretação um tanto descarnada do *Dasein* de Heidegger.[18]

Algumas das diferenças entre Zubiri e Merleau-Ponty são significativas, e pelo menos duas merecem ser mencionadas aqui. Em primeiro lugar, mesmo em seus escritos tardios, Merleau-Ponty permanece mais perto de uma problemática cartesiana do que Zubiri jamais tenha desejado estar. Este ponto pode ser verificado ao se considerar

---

[17] Heidegger, *Being and Time*, trans. Joan Stambaugh (Albany: SUNY, 1996), 138 e 153.

[18] Ellacuría, Aproximación a la obra completa de Xavier Zubiri. In: Id. *Escritos filosóficos*, v. 3, 384-87, e Merleau-Ponty (ed.).*The Visible and the Invisible*. Claude Lefort e trans. Alphonso Lingis (Evanston: Northwestern University Press, 1968), 48 e 146.

a categoria da "fé perceptual" de Merleau-Ponty, uma categoria que chama a atenção para a possibilidade de duvidar da realidade de nossas percepções. Na obra de Zubiri (e isso pode ser considerado uma força ou uma fraqueza), há pouca reflexão em torno da dubitabilidade e, de fato, um forte desejo de resistir a qualquer puxão gravitacional nesta direção, o que, de acordo com o modo de pensar de Zubiri, provavelmente seria um arrastar para longe do reconhecimento direto do verdadeiro *qua* real.[19] Em segundo lugar, outra diferença, e uma que é realçada no método teológico proposto por Ellacuría, tem a ver com o foco de Zubiri nas bases biológicas da inteligência senciente. A carne que experimenta e compreende é também a carne de um organismo vivo, de um animal em luta para persistir em uma comunidade de outros animais, com todas as condições físicas que isto implica. Merleau-Ponty não negligencia este nível biológico fundamental da experiência corporal, mas ele não a expressa com a mesma potência que se encontra em Zubiri e em Ellacuría.[20]

Embora Zubiri e Ellacuría se aproximem de algumas das intuições de Merleau-Ponty, Dussel explicitamente se apropria delas, primeiramente, a fim de resistir a certas correntes antropológicas dualistas nas tradições helenista e cristã, e posteriormente, com a ajuda de outros teóricos, com o fito de sublinhar as condições da vulnerabilidade corporal na qual as vítimas do mundo se encontram.[21] Em última instância, para Ellacuría e Dussel, a carne não é apenas o *locus* senciente de todo conhecimento verdadeiro, mas também a ineludível situação de exposição na qual todos os seres humanos e

---

[19] Zubiri, *Intelligencia sentiente: Inteligencia y realidad* (Madrid: Alianza Editorial, 1991), 232, e Merleau-Ponty, *The Visible and the Invisible*, 3-14.

[20] Ellacuría, Hacia una fundamentación del método teológico latinoamericano. In: Id. *Escritos teológicos*, 1 (San Salvador: UCA Editores, 2000), 206, e Fundamentación biológica de la ética. In: Id. *Escritos filosóficos*, v. 3, 251-69, e Merleau-Ponty, *Sense and Non-Sense*, trad. Hubert L. Dreyfus e Patricia Allen Dreyfus (Evanston: Northwestern University Press, 1964), 84.

[21] Dussel, *El dualismo en la antropologia de la Cristiandad: Desde el origen del cristianismo hasta antes de la conquista de América* (Buenos Aires: Editorial Guadalupe, 1974), 285-86, e Dussel, *Ethics of Liberation: In the Age of Globalization and Exclusion*, trad. Eduardo Mendieta, et al. (Durham: Duke University Press, 2013), 67 e 215.

outras criaturas terrenas devem viver e lutar para sobreviver. A encarnação da fenomenologia que estes pensadores tentam, portanto, tem mais do que importância epistemológica. Ela religa-nos com as determinações precárias e eticamente vinculantes da vida real.

A realidade e a carne são constitutivamente históricas. Zubiri afirma este ponto e Ellacuría o expande.[22] O método de "historicização" de Ellacuría pode ser compreendido, em um sentido, como uma redução fenomenológica que reconhece o caráter radicalmente histórico de todo fenômeno dado. Contudo, fazer esta interpretação de Ellacuría não é sugerir que ele está meramente interessado em produzir um relato da "historicidade", ou seja, uma exposição da alegação virtualmente sem exceção de que as coisas aparecem e existem historicamente. Embora ele ofereça tal explicação, e até mesmo a trate como a via mais adequada rumo a uma filosofia profundamente integrativa do todo,[23] seus escritos também indicam que ele está grandemente perturbado e sensibilizado pelas condições históricas muito particulares da América Latina no final do século XX. Ele analisa os meios pelos quais estas condições modelaram o desenvolvimento da teologia da libertação e, além do mais, estabeleceram as necessidades e as possibilidades de uma práxis histórica libertadora. Suas razões para enfatizar a história, em geral, provêm significativamente das pesadas exigências *desta* história, que se tornou a sua própria. Este contexto imediato dá azo a um sentido mais vital de "historicização" nas obras de Ellacuría: um pôr-em-prática transformador de esperanças e possibilidades concretas.[24]

---

[22] Zubiri, *The Dynamic Structure of Reality*, 204-15, e Ellacuría, *Filosofía de la realidad histórica* (San Salvador: UCA Editores, 1990).

[23] Ellacuría, *Filosofía de la realidad histórica*, 30-46.

[24] Id. Historización del bien común y de los derechos humanos en una sociedad dividida. In: Id. *Escritos filosóficos*, v. 3, 207-26; Ellacuría, Teología de la liberación frente al cambio socio-histórico en América Latina. In: Id. *Escritos teológicos*, v. 1, 313-52; e Ellacuría, The Historicity of Christian Salvation. In: Ellacuría e Sobrino (eds.). *Mysterium Liberationis: Fundamental Concepts of Liberation Theology* (Maryknoll, NY: Orbis, 1993), 251-89.

Em relação a Ellacuría, Dussel é certamente o historiador mais completo, isto é, estudioso do passado histórico. Esta é uma área muito distinta de sua produção acadêmica, que anima suas reflexões sobre o presente histórico.[25] No entanto, ele parece compor fenomenologicamente muitos de seus argumentos historiográficos, ou seja, com um desejo de pensar as condições mais profundas da experiência. Ele não busca uma essência através de variações imaginativas (como o recomenda Husserl) mas antes contempla experiências reais, transmitidas pelas formas mediadoras de artefatos, documentos, símbolos e narrativas.

Nessa obra, Dussel está indubitavelmente inspirado pela fenomenologia hermenêutica de Ricoeur, embora suas análises lhe sejam decididamente próprias. *A invenção das Américas* é um exemplo notável de sua técnica pós-ricoeuriana. Aqui, Dussel apresenta uma descrição fenomenológica não apenas do "eu conquisto" (como ele diz explicitamente), mas também das experiências relacionadas da invenção, da descoberta e da colonização. E mais importante de tudo, busca recuperar os modos de vida de determinadas populações indígenas, cujas passividades e intencionalidades foram quase completamente excluídas das explicitações histórico-filosóficas dominantes no advento da modernidade. Ele não está simplesmente interessado em registrar fatos. Ao contrário, busca tanto revelar as histórias que jazem nas raízes da experiência contemporânea, quer a reconheçamos, quer não, quanto recuperar as estruturas de experiência que eram constitutivas destas histórias.

Dussel é conhecido por dizer "o Outro". Ele diz isto frequente e comumente (mas nem sempre) tendo em mente um referente um tanto particular: os pobres, as vítimas, os conquistados e colonizados, os que clamam "Ajudem-me!" ou "Estou com fome!". Estes são o outro de uma totalidade. Ele teoriza esta totalidade como uma estrutura de poder excludente que é patente na teoria e na práxis eurocêntricas,

---

[25] Cf., por exemplo, Dussel, *A History of the Church in Latin America: Colonialism to Liberation (1492-1979)*, trad. Alan Neely (Grand Rapids, MI: Eerdmans, 1981).

no fetichismo do capital, na ontologia, na epistemologia e na ética da modernidade do Ocidente, na cultura do machismo e em quase todo caso concebível de dominação.[26] Mas há momentos em que ele diz "o Outro" e com isto indica os que chegam, repentinamente, como vitimadores, como conquistadores, como fontes de morte.[27] Parece que este é um aspecto da alteridade a que se deve resistir através de uma expressão positiva do ser, do pensamento, da linguagem e da história pessoal de cada um (ou do seu próprio povo). Em resumo, portanto, se Dussel reconhece a necessidade de uma interrupção levinasiana da pseudo-*parousia* do "eu", em seu ilusório domínio do mundo, ele vê também a necessidade de um heideggerianismo ou de um ricoeurianismo a partir de baixo: uma análise existencial-e--hermenêutica de existências ameaçadas. Dussel impulsiona a fenomenologia em ambas as direções simultaneamente – e o mesmo deve ser dito, em certo sentido, de Levinas, pelo menos se levarmos a sério suas exposições da vida judaica.[28] Tanto Levinas quanto Dussel descobrem, nas raízes da experiência, o outro e sua face eticamente compelativa; ambos acreditam que este é um momento originário da humanidade, o qual, embora vinculativo para todos, precisa ser vivido especialmente como uma correção de determinadas tradições filosóficas perigosamente totalizadoras; e ambos reconhecem que a primazia da alteridade não elimina o valor e, em casos trágicos, a urgência de um discurso fenomenológico de uma autoafirmação e afirmação da comunidade.

A proximidade de Dussel em relação a Levinas torna inequívoca a importância do outro na obra de Dussel. No entanto, não se deveria concluir, portanto, que o sentido deste tipo de consideração esteja

---

[26] Id., *Philosophy of Liberation*, 16-66, e *Ethics of Liberation*, 209.

[27] Id., *The Invention of the Americas*, 41.

[28] Id., *Ethics of Liberation*, 299, e Levinas, *Difficult Freedom: Essays on Judaism*, trad. Seán Hand (London: Athlone, 1990), 13, 26, e 49-53. Esta discussão pode lidar com algumas das preocupações em torno de certa disparidade entre Levinas e Dussel que Nelson Maldonado-Torres ressalta em: *Against War: Views from the Underside of Modernity* (Durham: Duke University Press, 2008), 179-86.

perdido em Ellacuría. Ao contrário, ele também tem uma meditação sobre a alteridade. Ademais, como Dussel, ele a reverencia como a fonte de toda sociedade genuinamente humana. De acordo com Ellacuría, o processo de maturação que capacita alguém a reconhecer o outro *como outro* é também o que permite apreciar a constituição radical da existência, não simplesmente como viver, mas como conviver (*convivência*).[29] Em tom semelhante, Ellacuría opõe-se à substantivização do social que ele percebe nas teorias dialéticas de Hegel e Marx, a fim de abrir espaço para a intervenção da pessoa humana, a única com uma vida e biografia singulares, que pode indiscutivelmente ser descrita como o outro de tais totalidades hegelianas ou marxistas. Ellacuría reconhece certo grau de "impessoalidade" na sociedade (o que poderia ser comparável ao "terceiro" de Levinas), mas essa intuição não impede Ellacuría de tratar a pessoa primordialmente convivial como um absoluto relativo e como a culminância da abertura da realidade ao infinito (o absolutamente absoluto que excede a manifestação).[30]

O relacionamento entre fenomenologia e teologia da libertação

Esta breve visão global das contribuições fenomenológicas de Ellacuría e de Dussel situa-nos em uma posição melhor para avaliar a importância da fenomenologia para a teologia da libertação. Conforme asseveramos no começo, a teologia da libertação geralmente afirma e não vê nenhum conflito entre estas duas aspirações: de um lado, o desejo de desenvolver uma teoria e uma práxis críticas que possam responder de modos libertadores aos sofrimentos da humanidade; de outro, a busca por maior fidelidade ao Deus doador da vida da revelação, que traz justiça, liberdade e amor a todas as criaturas

---

[29] Cf. a seção titulada: La constitución de la alteridad social. In: Ellacuría, *Filosofía de la realidad histórica*, 218-20

[30] Ellacuría, Persona y comunidad. In: Id. *Escritos filosóficos*, v. 3, 93-94, 101, e 112.

(ou seja, o Evangelho). Também observamos que a fenomenologia pode parecer laborar contra ambas as aspirações, na medida em que ela se concentra em uma região abrigada da consciência egológica, na qual nem os gritos das vítimas nem as palavras e os feitos gloriosos de Deus podem ser recebidos. Este quadro estreito da fenomenologia era a base para as dúvidas aproximadamente marxistas e barthianas que pareciam tornar questionável desde o início a própria ideia de uma contribuição fenomenológica para a teologia da libertação. Mas onde se encontra agora a questão?

Em primeiro lugar, deveríamos reconhecer que as linhas de influência entre fenomenologia e teologia da libertação são, quer na obra de Ellacuría, quer na de Dussel, um tanto recíprocas. De um lado, parece possível interpretar as meditações deles sobre a realidade, a carne, a história e o outro como um tipo de *preparatio evangelii*, ou seja, um estádio anterior do pensamento que prevê, apoia, mas ainda não constitui a compreensão maior e a concreta realização do Evangelho que a teologia da libertação exige. De outro, parece razoável remontar aspectos particulares das descrições fenomenológicas de Dussel e de Ellacuría a determinadas internalizações anteriores da importância do Evangelho, as quais suas descrições fenomenológicas refletiriam secundária, abstrata e parcialmente. Qualquer escolha absoluta em favor de não importa qual destas visões da relação da fenomenologia com a teologia da libertação (quer como preparatória, quer como abstrativa) seria artificial, visto que as dialéticas nas histórias intelectual e pessoal de Ellacuría e de Dussel estão obrigadas a ser mais complexas do que qualquer um desses modelos metodológicos rígidos permitiria.

Em segundo lugar, deveríamos observar que as conexões que Ellacuría e Dussel revelam entre fenomenologia e teologia da libertação não são apenas recíprocas, mas também não exaustivas: há mais conteúdo determinado já na fenomenologia, já na teologia da libertação, do que aquele que cada empreendimento discursivo recebe de seu mútuo relacionamento. As modificações distintivas da fenomenologia de Dussel e de Ellacuría podem preparar para a teologia da libertação e mostrar seus traços, mas isso não significa que a fenomenologia seja para estes pensadores meramente uma imagem imperfeita da teologia da libertação, ou que a teologia da libertação seja para eles apenas uma continuação derivativa ou uma amplificação da fenomenologia. Ao contrário, tanto Dussel quanto Ellacuría preservam a distância e a não substituibilidade da fenomenologia e da teologia da libertação.

Contudo, em contraste com Dussel, Ellacuría faz mais para demonstrar a importância de uma concepção positivamente cristã da teologia da libertação, isto é, uma concepção fundamentalmente orientada para o dom da libertação integral que provém do Deus triuno da revelação. Enquanto seja Dussel seja Ellacuría empurram a fenomenologia na direção de uma teoria e de uma práxis críticas da libertação, de modo tal que eles estariam aptos a tratar de uma série de preocupações mais ou menos marxistas, Ellacuría também consegue – especialmente através de suas considerações, enraizadas na Bíblia e na tradição, em torno da cristologia, da soteriologia, da eclesiologia e da espiritualidade – situar bastante decisivamente a luta humana pela libertação, que pode incluir determinados tipos de iluminação fenomenológica, no contexto das ações vitoriosamente compassivas de Deus para conosco. Em resumo, a abordagem de Ellacuría parece mais capaz de falar a determinadas preocupações aproximadamente barthianas-e-balthasarianas do que à de Dussel. Dussel tem alguns pontos valiosos a oferecer a este respeito, mas suas exposições sobre revelação estão limitadas principalmente a considerações éticas. Por contraste, o discurso da libertação de Ellacuría claramente deseja ser não apenas ético, mas também teológico e, sem dúvida, *teologal*, isto é, impregnado da presença e da atividade divinas.[31]

---

[31] Cf. Ellacuría, *Freedom Made Flesh*, 13-14, 23-78, e 233-46; Id. *Escritos teológicos*, v. 4 (San Salvador: UCA Editores, 2002); Dussel, The Kingdom of God and the Poor. In: Id. *Beyond Philosophy: Ethics, History, Marxism, and Liberation Theology* (ed.). Eduardo Mendieta (Lanham, MD: Rowman and Littlefield, 2003), 85-102; e Dussel, *Ethics and Community*, trad. Robert R. Barr (Eugene, OR: Wipf and Stock, 1988), 7-26.

A questão central deste ensaio, porém, não é se Dussel ou Ellacuría é o teólogo mais convincente; ao contrário, é se a fenomenologia pode contribuir em algo para a teologia da libertação. Para esta questão, tanto as reflexões de Dussel quanto as de Ellacuría são altamente significativas. Talvez já influenciadas pelo Evangelho, suas meditações fenomenológicas sobre a realidade, a carne, a história e o outro também prometem tornar o Evangelho mais inteligível e praticável. Tais meditações esclarecem determinados aspectos da constituição da experiência através da qual a boa-nova da libertação pode aparecer e tornar-se eficaz em nossas vidas. Se devêssemos indagar onde Deus opera ativamente e onde somos chamados a trabalhar a fim de manifestar a plenitude da liberdade a que a criação está destinada, Dussel e Ellacuría proporiam a seguinte resposta: precisamente ali em meio à realidade das coisas que surgem de nós mesmos, lá nas cognições sencientes e nos movimentos biológicos de nossos frágeis corpos que nos conectam ao mundo, lá nas determinadas catástrofes e oportunidades da história que nos revelam o que deve ser contradito e o que deve ser colocado em prática e, finalmente, lá nos momentos inescapáveis e importantes da convivialidade com outros, o que nos lembra de nossas mais elevadas obrigações.

Poderia a libertação atingir profundamente estas quatro estruturas da fenomenalidade e preservar o conteúdo delas enquanto as renova? Poderia a libertação, mediante isso, encontrar um jeito de fazer-se presente nesta terra e precisamente neste tempo? A múltipla constituição da experiência, estudada por Dussel e Ellacuría, poderia ser verificada e transfigurada por palavras e ações libertadoras que são não apenas nossas próprias, mas também, em sua fonte mais profunda, divinas, ou seja, cheias das graças santificantes de Cristo e do Espírito Santo? Poderia, pois, haver uma fenomenologia que se tornasse radicalmente receptiva às aspirações genuinamente liberativas e genuinamente teológicas da teologia da libertação? Poderiam as inúmeras vítimas perceber que suas realidades são respeitadas, que existe o cuidado por sua carne, que suas histórias são lembradas e que seus irredutíveis mistérios são acolhidos, e não somente por uma sociedade secular, mas também e quiçá, ainda mais excepcionalmente, por uma comunidade cristã fiel, que vive e respira em comunhão com o Deus unitrino? As reflexões fenomenológicas de Ellacuría e de Dussel tornam estas questões concebíveis e constringentes, como talvez muito poucos outros esforços teóricos o fizeram.

Tudo somado, Ellacuría e Dussel mostram que a fenomenologia contribui para uma forma particular de pensamento que pode aumentar nossa consciência das condições experienciais que parcialmente possibilitam surgir quaisquer acontecimentos simultaneamente divinos-e-humanos. As obras deles têm o potencial de impedir que a teologia da libertação se torne tão completamente absorvida pela análise das forças sociopolíticas e pelas afirmações doutrinais a ponto de perder todo contato com as experiências reais, carnais, históricas e prenhes de alteridade que constituem a vida real e apontam o mais vividamente possível rumo à liberdade prometida. Os fenomenólogos têm muito a aprender com Ellacuría e Dussel, especialmente acerca de questões críticas que devem ser levantadas a respeito de qualquer projeto fenomenológico que possa ser empreendido neste mundo de imenso sofrimento e morte. Mas a teologia da libertação também tem algo a aprender da fenomenologia: em resumo, como descrever as manifestações de libertação – se possível, então, radicalmente experienciais – que qualquer autêntico amor cristão deve incessantemente desejar. Dussel e Ellacuría abriram mas não fecharam de modo algum esta linha de investigação.

A contribuição de Rahner para dois aspectos da abordagem latino-americana da teologia fundamental de Ellacuría

Robert Lassalle-Klein

Neste ensaio, demonstrarei que Ignacio Ellacuría, que estudou com Karl Rahner de 1958-1962 (Lassalle-Klein, 2006, xx-xxiii) e apresentou seus primeiros trabalhos como um desenvolvimento do pensamento de Rahner (Ellacuría, 1969, 2; Egan, 1976, viii), reconstrói aspectos da teologia filosófica de Rahner ao desenvolver sua própria análise da teologia fundamental para o contexto latino-americano. Em primeiro lugar, Ellacuría reajusta o foco de Rahner sobre a metafísica do *ser* em termos da metafísica da *realidade*, de

Xavier Zubiri, demonstrando que *a realidade histórica*, mais do que o ser, é o verdadeiro objeto de uma autêntica teologia e de uma filosofia latino-americanas. Ellacuría, pois, usa esta abordagem para reconstruir o argumento de Rahner segundo o qual os seres humanos têm uma pré-apreensão não objetiva do Ser Absoluto, sustentando, em vez disso, que cada pessoa apreende uma dimensão absoluta (ou *teologal*) da realidade e que nossa resposta a essa realidade *teologal*, que medeia nosso encontro com Deus, inevitavelmente se torna um aspecto definidor de nossa realidade histórica. Em segundo lugar, demonstrarei que Ellacuría tanto esclarece quanto historiciza o que alguns consideram o conceito teológico de Rahner mais conhecido, o *existencial sobrenatural*, situando-o dentro do horizonte mais amplo da realidade histórica que, segundo defende ele, embora distorcida pelo pecado, foi fundamentalmente transformada pela graça.

Da metafísica do ser à realidade histórica

Em primeiro lugar, pois, Ellacuría constrói a partir do foco de Rahner sobre a metafísica do ser e, simultaneamente, critica-o, demonstrando, em vez disso, que a *realidade histórica* é o verdadeiro objeto de uma autêntica teologia e filosofia latino-americanas. Ellacuría também usa a crítica de Zubiri da filosofia do ser e de Heidegger para reinterpretar o argumento de Rahner de que os seres humanos têm uma pré-apreensão não objetiva do Ser Absoluto, e para demonstrar, em vez disso, que cada pessoa apreende uma dimensão absoluta (ou "teologal") da realidade que serve como o *locus* para nosso encontro com Deus.

Rahner descreve a questão do *ser* como "a preocupação principal da metafísica", afirmando que deve ser compreendida "se quisermos captar o que se entende por *Deus*" (Rahner, Vorgrimler, 1965, 53). Sua teologia é construída em torno de uma dupla definição filosófica do ser que distingue o "ser comum" (que Ellacuría podia chamar *o ser-da-entidade*) do Ser Absoluto ou Infinito (Rahner, 1957, 388), que funciona como o horizonte para nossa existência. Referindo-se alhures ao que *Espírito no mundo* chama de "ser comum", Rahner escreve: "Chamamos de 'um ser', ou entidade, qualquer objeto concebível do conhecimento, qualquer coisa que não seja nada" (Rahner, 1965, 53).

Em seguida, passado ao que ele chama de "Ser Absoluto", Rahner afirma que "o objeto individual é encontrado dentro de um 'horizonte que é não objetivamente nem está implicitamente envolvido sempre que a mente capta objetos particulares" (Rahner, 1965, 53). Ele assevera que este horizonte "é a condição *a priori* de todo conhecimento particular", sem o qual "não poderíamos nem comparar as coisas nem formar julgamentos inquestionáveis". E ele identifica a pré-apreensão deste horizonte como o *locus* de nossa experiência de Deus, afirmando:

> A meta deste suspiro (Transcendência) *a priori* ... [é o que] chamamos Ser... *actus purus*, Ser absoluto, *simpliciter*, mistério absoluto, Deus,... a infinitude fontal do Ser *simpliciter*, a que como a incompreensível mistério, a transcendência do ser humano está ordenada em todo ato de conhecimento – embora ele não o conceba por si mesmo – e que é a fonte não apenas do conhecimento, mas da realidade de todo ser (54).

Ellacuría e Zubiri têm grande apreço por esta distinção de Rahner entre "ser comum" e Ser Absoluto ou Infinito (Rahner, 1957, 388), o qual não pode ser objeto de experiência (388-389). Rahner alega encontrar esta distinção em Tomás de Aquino, mas os comentadores afirmam que sua sensibilidade para a questão também foi influenciada pela famosa alegação de Heidegger de ter descoberto uma "ontológica diferença" fundamental (Heidegger, 1962, 32) entre o "ser das coisas" (entidades) e o "próprio ser". Thomas Sheehan defende que Rahner, em *Espírito no mundo*, "usa Heidegger a fim de obter uma virada existencial transcendental a partir de Aquino, e usa Aquino para obter uma afirmação de Deus a partir de Heidegger" (Sheehan, 1987, 114). Algo semelhante pode ser visto no uso que Rahner faz da supramencionada distinção para apoiar sua alegação transcendental de que "*objetos* metafísicos – existentes que não podem ser experimentados – são acessíveis somente na medida em que o *objeto* da metafísica, *o ser comum* (que, em si mesmo, não é um objeto, não é uma coisa em si mesmo), já os pressupõe como seu fundamento, sem que este mesmo fundamento seja um objeto que poderia ser investigado por si mesmo" (Rahner, 1957, 388-389).

Zubiri ressalta a importância da dupla abordagem do ser na obra de Heidegger quando ele fala de modo digno de reconhecimento do "inquestionável mérito... de ter colocado a questão do *próprio ser* separada da do *ser das coisas*" (Zubiri, 1962, 441). Usando a famosa metáfora de Heidegger do ser como a luz que ilumina o *Dasein* (o *ser-aí* dos seres humanos), Zubiri explica:

> Heidegger nos dirá que a presença do ser no *Da-sein* é como a luz. No verdadeiro ser do *Da-sein*, o ser não está presente como uma coisa – isto transformaria o ser em uma coisa [entidade] – mas, de preferência, "o ser é a luminescência de si mesmo". O ser é a luminescência de toda entidade, e o ser é o que constitui a própria essência do ser humano.

Afirmando esta intuição, Zubiri diz: "Se Heidegger se tivesse contentado em afirmar a compreensão do ser... não teria havido a mínima objeção..." (442) de sua parte. Infelizmente, diz ele, "Heidegger está buscando uma Ontologia", e erroneamente "considera a compreensão do ser não simplesmente como o ato no qual o ser é *manifestado* a si mesmo e a partir de si mesmo, mas, antes, como um *modo de ser...* do [próprio] ser". Destarte, enquanto ele concorda com Heidegger em que a compreensão do *ser* pode ser descrita como uma função do horizonte continuamente retrocedente de nosso ser-no-mundo, ele afirma que isto em nada contribui para resolver o problema subjacente de que Heidegger mudou ilegitimamente o que deveria ser compreendido como um "ato do ser" em uma substância. Indo ainda mais além, Zubiri protesta que, enquanto existem *atos* do ser, na verdade, "o ser real não existe" (Zubiri, 1987, 16). Com efeito, "só existe o *sendo real*, ou *realitas in essendo*, diria eu".

Como Rahner e Heidegger, pois, Zubiri distingue o ser-de-uma--entidade (ao que ele chama *ente*) do ser em si (ou *ser*). Contudo, ele afirma (conforme observado antes) que *tanto* "o ser-de-uma--entidade" *(ente) quanto* o ser *(ser)* deslocaram [inapropriadamente] a realidade na filosofia" (Zubiri, 1980, 637). Partindo da perspectiva fenomenológica do apelo de Husserl a voltar "para a coisa!", ele diz que nosso estudo do "que é" deveria começar justamente com o modo pelo qual as coisas se concretizam em nossa inteligência (Zubiri, 1962, 451). Ecoando Husserl, Zubiri afirma (contra Heidegger) que, para uma abordagem deveras fenomenologicamente ordenada, "o que formalmente caracteriza a pessoa humana não é a *compreensão do ser*, mas preferentemente o modo de nossa *apreensão das coisas*". Por outro lado, ele afirma (contra Husserl) que a maneira de nossa apreensão das coisas é definida pela "inteligência senciente". Desse modo, o ponto de partida apropriado para uma filosofia estritamente intramundana fundada na ciência será a "realidade" formal que caracteriza o modo pelo qual as coisas se concretizam mediante nossa inteligência senciente como apreensões que possuem o caráter de ser algo "em seu próprio" direito (*en propio*), ou como algo "próprio" (*de suyo*).

Assim, pois, como Ellacuría usa estes conceitos para reconstruir a metafísica de Rahner do ser e seu papel em nosso encontro com Deus? Em primeiro lugar, construindo sobre o argumento de Zubiri de que a questão da *realidade* foi inadequadamente subordinada à do *ser* na filosofia ocidental, Ellacuría muda o foco da *metafísica do ser* para uma *metafísica da intelecção senciente da realidade*. Ele diz que isto é necessário porque a "intelecção… consiste na concretização do real como formalmente real", e as "coisas reais só se mostram como reais no ato da intelecção" (Ellacuría, 1988, 647, e 2001, 426; Zubiri, 1980, 648).

Em segundo lugar, ele demonstra que a realidade *histórica* (Ellacuría 1990, 42), mais do que o Ser Absoluto, é o objeto apropriado da teologia e da filosofia. Aqui, Ellacuría constrói a partir da análise que Zubiri faz do cosmos, utilizando teorias de sistemas comumente utilizadas na ciência como uma unidade integrada de nossos subsistemas principais (realidade material, biológica, senciente e histórica), cada uma incluindo uma complexa unidade de sistemas mantenedores de fronteira, os quais constroem epigeneticamente sobre os níveis inferiores, integrando-os em um todo sistêmico. Ellacuría afirma, porém, que a realidade histórica (ou humana) constitui o máximo autopossuir-se (*de suyo* ou "próprio") e/ou "última instância da realidade". Esta é instância em que os outros níveis da realidade se tornam presentes, e "onde nos são dadas não somente as mais elevadas formas da realidade, mas também o campo das máximas possibilidades do real" (43). Ele sustenta que é a consciência das pessoas humanas de sua própria realidade (como sendo algo que lhes é "próprio") que "lhes permite ser de modo reduplicado autopossuidoras", razão pela qual ele insiste em que a realidade história é o verdadeiro objeto da teologia e da filosofia.

Em terceiro lugar, Ellacuría afirma que nós não só fazemos parte da realidade e apreendemos a realidade através da intelecção senciente, mas estamos ligados à realidade. Ele afirma: "Estamos abertos à realidade e estamos instalados ali, mas também estamos ligados à realidade. A realidade não se faz simplesmente presente como... a força da realidade que se impõe primariamente à inteligência, mas, preferentemente, como a força que se faz presente como um poder que nos domina" (Ellacuría, 1988, 430). Zubiri acrescenta: "A percepção intelectual não apenas nos abre tanto à realidade quanto ao ser", ela também "nos conduz irresistivelmente a explorar interminavelmente todo tipo de realidade e de toda forma de ser" (Zubiri, 1980, 649) que encontramos. Ele explica que isto é assim porque o relacionamento fundamental e inevitável da inteligência senciente com o "poder do real" brinda o si-mesmo com contínuas escolhas no que diz respeito a se e como adequar-se em relação às realidades que ele encontra (648). Assim, Ellacuría conclui: "submergindo-se na realidade e assumindo todas as suas dinâmicas, por mais modestas que elas possam aparecer, é que a pessoa humana captará e será captada por mais realidade, e, assim, tornar-se-á não somente mais inteligente, mas, finalmente, mais real e mais humana" (Ellacuría, 1988, 430).

Em quarto lugar, Ellacuría constrói a partir do argumento de Rahner sobre a apreensão do Ser Absoluto como o *locus* de nosso encontro com Deus, emoldurando novamente esse argumento. Ele afirma, ao contrário, que a inteligência senciente apreende uma dimensão absoluta ou "teologal" da *realidade*, e que nossa *realidade histórica* está inevitavelmente definida por nossa resposta a esta realidade "teologal", a qual medeia nosso encontro com Deus (Ellacuría, 1986, 113-132).

Ellacuría trata a dimensão *teologal* ou absoluta da intelecção e da realidade em um importante artigo de 1986, titulado "Uma vontade de fundamentalidade e uma vontade de verdade e sua configuração histórica" (113). Ele afirma que a intelecção é, pelo menos parcialmente, uma resposta à dimensão absoluta ou *teologal* da realidade, a qual força o sujeito a escolher livre e habitualmente como concretizar a si mesmo em resposta àquela realidade (121). E assevera que a fé (compromisso) edifica sobre o conhecimento (intelecção) como uma série de decisões de viver segundo as próprias intelecções da dimensão absoluta ou *teologal* da realidade (Zubiri, 1984, 234). Consequentemente, ele define a *fé* como a decisão de viver segundo as próprias intelecções da dimensão absoluta da realidade, e afirma que decisões de não viver segundo aquelas intelecções tendem a levar a pessoa a confundir conceitos com realidade e a objetificar a si mesma e os outros.

Isto leva Ellacuría a emoldurar novamente o argumento de Rahner para a pré-apreensão do Ser Absoluto como o *locus* de nosso encontro com Deus. Ele assevera, ao contrário, que apreendemos a realidade de Deus indiretamente, através da experiência do que Zubiri chama de poder absoluto do real como o fundamento/chão de nosso ser pessoal (Ellacuría, 1986, 116). Zubiri diz: "A presença imediata do enigma da realidade em nossa ligação com o poder do real é uma presença direcional da realidade de *algo*: o que nossa inteligência conclui ser Deus" (Zubiri, 1984, 230). A chave é que "Deus só está presente no real de maneira direcional", e "a pessoa humana não sabe nada além do que aquele que está presente de maneira direcional é Deus". A questão para a teologia, pois, "não é tanto se Deus existe, mas se algo do que existe é deveras Deus".

Ellacuría diz que isso significa que, quer saibamos, quer não, a experiência do poder absoluto do real que vimos discutindo é uma experiência de Deus (Ellacuría, 1986, 116). Mais exatamente, há uma forma na qual nossa experiência de ligação ao poder absoluto do real é e ao mesmo tempo não é uma apreensão primária de Deus. Seguindo a convicção de Rahner de que se a liberdade humana quiser ser preservada, Deus não pode ser objeto, Ellacuría escreve:

> O que não é uma apreensão primária... é que o que estamos apreendendo quando apreendemos o poder do real como um fundamento de nosso próprio ser, e quando apreendemos nosso ser pessoal como fundamentado no poder do real, é que este fundamento é Deus, e é divino e divinizante. Tampouco conhecemos as características pessoais deste Deus que apreendemos como o fundamento de nosso autodesenvolvimento.

Por outro lado, porém, ele demonstra que estas experiências formam o que poderíamos chamar de uma *apreensão primária análoga da realidade de Deus*. Para ressaltar este ponto, Ellacuría usa a leitura que Zubiri faz de um famoso texto no qual São Tomás discute a conaturalidade do conhecimento de Deus: "Conhecer a Deus de determinado modo confuso e geral é algo que é naturalmente infuso... Mas isto não é saber *simpliciter* que Deus existe; do mesmo modo que saber que alguém está vindo não é conhecer Pedro, mesmo que seja Pedro quem está vindo". Ele diz que a questão é que "a pessoa humana apreende imediatamente que alguém está vindo, [e] que apreendemos algo muito importante. O que não sabemos, por enquanto, é como chamá-lo, posto que algumas de suas características fundamentais já nos tenham sido dadas, de certa maneira".

No final, então, apesar do caráter análogo de nossa apreensão primordial do poder do real como o fundamento de nossa subjetividade humana, tanto Ellacuría quanto Zubiri insistem em que esta é uma experiência de Deus. Para os estudantes de Rahner, não é difícil perceber que, ainda que Ellacuría tenha deixado de lado o argumento de Rahner, segundo o qual os seres humanos não têm nenhuma apreensão não objetiva do Ser Absoluto (Rahner e Vorgrimler, 1965, 54), ele usou a moldura de Zubiri para defender uma tese semelhante de que cada pessoa apreende uma dimensão absoluta (ou "teologal") da realidade, que serve como o *locus* de nosso encontro com Deus.

Do existencial sobrenatural de Rahner à realidade histórica transformada pela graça

Nesta seção, demonstrarei que Ellacuría desenvolve uma antropologia teológica fundamentada na afirmação de que *a realidade histórica foi transformada pela graça*, o que, darei a entender, explica e tenta continuar a historicizar (Maier, 2006, 1992) aspectos do que alguns consideram o melhor conceito teológico de Rahner, o *existencial sobrenatural*. Servindo-se de sua filosofia da realidade histórica, Ellacuría demonstra que "a história é, com efeito, uma abertura transcendental, porque inclui em si tanto a abertura para a realidade quanto a duplamente unificada abertura da inteligência e da vontade, da apreensão e da escolha". Em seguida, citando Rahner, ele afirma: "Esta abertura, que para cada pessoa é a elevada abertura transcendental de um *existencial sobrenatural* (Rahner), é, na história como um todo, a elevada abertura transcendental de uma historicidade gratuita" (Ellacuría, 1993, 8; e Ellacuría, 2000, 604). Ellacuría acredita que este passo rumo a um relato explicitamente histórico da graça lhe permitirá fornecer às teologias que buscam a Palavra de Deus nos sinais dos tempos um relato plenamente elaborado das dimensões pessoal e social do ouvinte da Palavra fundada na Escritura, na tradição e na ciência contemporânea.

Ellacuría aceita a noção de Rahner de que o existencial humano foi elevado e transformado pela auto-oferta de Deus (ou graça) em um existencial sobrenatural, ou um espírito-no-mundo que é um "ouvinte da Palavra" (Rahner, 1941). Contudo, esclarece e historiciza o conceito de Rahner baseado em fundamentos filosóficos e nas narrativas bíblicas judaico-cristãs da "história da salvação", quando ele afirma que, graças à autocomunicação histórica de Deus, "*a história* é, em si mesma [*de suyo*], transcendentalmente aberta, e nessa transcendentalidade, Deus já está presente, pelo menos de modo incoativo" (Ellacuría, 1993, 8, e 2000, 604). Assim, dá a entender que o existencial sobrenatural de Rahner é mais bem entendido em termos da única realidade histórica que foi elevada e empoderada pela graça.

Conforme vimos anteriormente, Ellacuría explicita e historiciza a tentativa de Rahner de superar a dicotomia neoescolástica entre história da salvação e história humana ao rejeitar os termos neoescolásticos do argumento (o que não faz) e ao insistir em que a tensão fundamental na história é não entre a história de Deus e a história da humanidade, ou entre a natureza e o sobrenatural, mas antes entre a ação da graça e o pecado na história humana (a grande história de Deus). Os estudantes de Rahner insistirão corretamente em que este é precisamente seu conceito. Mas eu objetaria, conforme observado anteriormente, que a categoria de Ellacuría da realidade histórica esclarece e permite que o mesmo historicize mais este conceito. Como ele chega a esta posição e quais são as implicações desta para sua teologia?

Em primeiro lugar, é importante compreender que a posição de Ellacuría emerge em resposta à bem documentada influência da filosofia existencial de Martin Heidegger (e de seu conceito de "Dasein") sobre o "existencial sobrenatural" de Rahner. Quanto à influência de Heidegger sobre seu estudante, o próprio Rahner afirma: "Embora tivesse muitos bons professores na sala de aula, existe apenas *um* a quem posso reverenciar como meu *mestre*, e este é Martin Heidegger", acrescentando que "a teologia católica... já não pode ser pensada sem Martin Heidegger" (Rahner in Sheehan, 1986, xi). Dada a centralidade da obra de Rahner da noção de Deus como o Mistério Absoluto que forma o horizonte de nossa experiência cotidiana, as palavras seguintes deixam pouca dúvida de que a influência de Heidegger foi profunda.

Certamente ele nos ensinou *uma coisa*: que em toda parte e em tudo podemos e devemos buscar aquele *inefável mistério* que *dispõe* de nós, mesmo que dificilmente possamos nomeá-lo com palavras. E devemos fazer isto mesmo que, em sua própria obra e de uma maneira que seria estranha para um teólogo, o próprio Heidegger se abstenha do *discurso* acerca deste mistério, discurso que o teólogo deve *proferir* (xi-xii).

Thomas Sheehan chama nossa atenção para um artigo escrito por Rahner no ano posterior à publicação de *Espírito no mundo*, de 1939, dando a entender como Rahner compreende e utiliza "O conceito da filosofia existencial em Heidegger" (Rahner, 1940, 152-71).

Focalizando o conceito distintivo de Heidegger, Rahner afirma: "*Dasein* designa em Heidegger... o próprio ser humano,... caracterizado pelo fato de que... ele pode levantar a questão acerca do ser, que este é *a transcendência conatural que o orienta rumo ao ser*" (131, apud Sheehan, 1987,119). Embora a exatidão da interpretação que Rahner faz de Heidegger possa ser contestada, o que é importante para nossos propósitos é que ela demonstra sua tendência a estender a alegação de Heidegger de que o *Dasein* deva assumir uma posição em seu próprio ser para a alegação de que os seres humanos devem assumir uma posição no que Rahner considera (através de Tomás de Aquino) como a orientação transcendental deles rumo ao ser absoluto ou infinito. Conforme Sheehan e outros observaram, esta conclusão parece ler Martin Heidegger através dos olhos de Aquino (Sheehan, 1987, 114).

Sheehan dá a entender que a interpretação que Rahner faz do *Dasein*, em seguida, lança o fundamento para o que ele posteriormente chamaria de "existencial sobrenatural". E, efetivamente, dez anos mais tarde, Rahner explicitamente afirma que a graça de Deus elevou "sobrenaturalmente" o existencial (ou o *Dasein*) humano, plantando a semente de uma incessante orientação autotranscendente rumo ao ser, o que, em última instância, leva à união com Deus (Rahner, 1961, 297-317).

Em segundo lugar, conforme vimos, Ellacuría está influenciado pela crítica favorável que Zubiri faz a Heidegger. Segundo foi observado anteriormente, quando Ellacuría chegou a Madri, após quatro anos de teologia com Rahner em Innsbruck (1958-1962), Zubiri acabara de concluir sua obra mais importante, *Sobre a essência* (Zubiri, 1962), e estava entrando em seu período mais produtivo e criativo. O livro apresenta a definição *formal* de realidade de Zubiri, que usa como base elementos da ontologia de Heidegger e seu conceito de *Dasein*, embora faça alterações substanciais para refletir o progresso na teoria da relatividade, na biologia evolucionária e na psicologia perceptual. O filósofo chileno Jorge Eduardo Rivera, que estudou tanto com Heidegger quanto com Zubiri, afirma: "Tudo, ou quase tudo, o que Heidegger diz acerca do 'ser' ou a respeito do 'ser ele próprio' está captado por Zubiri na palavra 'realidade'" (Rivera, 2001, 11). Contudo, Zubiri insiste em que esta abordagem formal da questão da "realidade" evita o que ele chama de substantivação do "ser", de Heidegger.

Durante esses anos em Madri, Zubiri também forneceu a Ellacuría o conceito de *realidade histórica*, que mais especificamente integra e subordina o que Heidegger indica por *Dasein* dentro de seu horizonte. A história completa do impacto do conceito de Heidegger do *Dasein* sobre a noção de *realidade histórica* de Zubiri não pode ser elaborada aqui. Em resumo, porém, o conceito formal de realidade de Zubiri (ou *coisidade*, Zubiri, 1980, 57) tenta fundamentar aspectos da ontologia do ser de Heidegger em importantes descobertas na ciência, consoantes com a alegação filosófica de Heidegger de que o ser não deve ser compreendido como uma *coisa* existente. Para este fim, ele constrói o que chama de uma metafísica "estritamente intramundana [ou centrada no mundo]" (Zubiri, 1962, 201, 210), o que explica como o *Dasein* emerge do desenvolvimento da matéria, da vida biológica, da vida senciente e da realidade histórica como diferentes tipos de sistemas que abrangem a unidade mais ampla do "cosmo". Ele afirma que "o aspecto final do dinamismo [da realidade], ... é... a história", que é "a constituição de um novo tipo de mundo" (Zubiri, 1989, 325), e ele assevera que "a realidade se torna um mundo" mediante seu "dinamismo histórico". Analogamente ao *Dasein*, pois, a realidade histórica é aquela realidade que deve assumir uma posição em sua história-no-mundo pessoal e coletiva, e tudo, ou quase tudo, o que Heidegger diz a respeito do *Dasein* é captado por Ellacuría no conceito de realidade histórica.

Ellacuría assume este conceito um pouco além de Zubiri, no entanto, com a afirmação de que "a realidade histórica" é o verdadeiro objeto da filosofia e da teologia e, mediante elaboração mais completa, como a realidade histórica chega a existir (Ellacuría, 1990, 42). E tomando por base a subordinação que Zubiri faz da noção de ser (e de *Dasein*) de Heidegger à realidade, Ellacuría interpreta o *existencial sobrenatural* de Rahner como um aspecto definidor da realidade histórica, a qual foi elevada e transformada pela autocomunicação histórica de Deus (ou da graça). Destarte, enquanto Heidegger sempre compreendeu o *Dasein* como uma estrutura que-se-torna-histórica que não pode ser divorciada do horizonte mais vasto do ser, a mudança do *Dasein* para a realidade histórica esclarece e enfatiza a noção de que mudanças no objeto são inerentemente públicas, simultaneamente pessoais e sociais e, portanto, até certo ponto, verificáveis.

A intepretação teologal da realidade histórica permite a Ellacuría avançar rumo a uma reflexão teológica mais plenamente contextualizada sobre a substância e sobre os critérios para o discernimento da autocomunicação (ou graça) histórica de Deus, mediada pelo discernimento de Medellín do apelo de Deus a uma opção preferencial pelo pobre. Em primeiro lugar, durante o retiro jesuítico de 1969, Miguel Elizondo insiste em que os *Exercícios espirituais* são construídos sobre a convicção de Inácio de que a Trindade age "não apenas por meio da presença e da operação de Deus, mas através da inserção da humanidade na história" (Elizondo, 1969, Día, 25:3,3). Ellacuría, então, segue a leitura trinitária de Rahner da doutrina da emanação e do retorno (*exitus-reditus*), de Tomás, para afirmar que "a criação pode ser vista como o enxerto *ad extra* da própria vida trinitária" (Ellacuría, 1993, 276-277). Ele insiste em que isso implica que toda a realidade participa da vida divina e que a realidade histórica (em suas dimensões pessoal e social), que deveríamos observar, no final das contas, produz a pessoa de Jesus, que deve ser vista como o meio para "o *retorno* de toda a criação à sua fonte original".

Como resultado, Ellacuría insiste: "O cristianismo deve assumir mui seriamente o sentido da Palavra encarnada na história. Deus revelou-se na história, não diretamente, mas no sinal que é a história humana. Não há nenhum acesso a Deus senão por meio do sinal da história" (Ellacuría, 1973, 9-10). Ele diz que isto implica que

> a ação na história, a salvação da humanidade social na história é o verdadeiro caminho pelo qual Deus, no final das contas, deificará a humanidade. Portanto, não é simplesmente que a *história da salvação* traga consigo uma *salvação na história*, mas igualmente que a salvação da humanidade na história é o único modo pelo qual a história da salvação pode chegar a seu termo.

Vista desta maneira, a opção pelos pobres do retiro jesuítico de 1969 abre a senda para um novo tipo de misticismo prático, um encontro com a realidade histórica de Jesus ressuscitado, mediada pelo "povo crucificado" de El Salvador (Lassalle-Klein, 2011, 99-118). E a transformação pessoal do arcebispo Romero pode ser vista como ratificadora da alegação soteriológica de Ellacuría daquele retiro: "Não somos nós que devemos salvar os pobres; ao contrário, os pobres é que vão salvar-nos" (4). Esta afirmação jaz no coração da reivindicação de Ellacuría de que o apelo de Medellín para uma opção preferencial pelos pobres é um convite a aceitar a autocomunicação salvífica de Deus mediada pelo sinal do povo sofredor de El Salvador.

Conclusão

Em conclusão, pois, dei a entender que a abordagem latino-americana de Ellacuría da teologia fundamental tanto se constrói sobre dois aspectos-chaves da teologia filosófica de Karl Rahner quanto os reconstrói. Em primeiro lugar, mostrei que Ellacuría usa a metafísica da *realidade* de Xavier Zubiri para afastar-se do foco de Rahner sobre a metafísica do *ser*, demonstrando, ao contrário, que *a realidade histórica* é o verdadeiro objeto de uma teologia e de uma filosofia verdadeiramente latino-americanas. Em seguida, mostrei que ele reconstrói o argumento de Rahner de que os seres humanos têm uma apreensão não objetiva do Ser Absoluto, confirmando, em vez disso, que cada pessoa apreende uma dimensão absoluta (ou *teologal*) da realidade que medeia nosso encontro com Deus, e que nossa realidade histórica está, de modo inevitável, parcialmente definida por nossa resposta a esta realidade. Em segundo lugar, evidenciei que Ellacuría tanto esclarece quanto historiciza aquele que talvez seja o conceito teológico de Rahner mais conhecido, o *existencial sobrenatural*, situando-o dentro do horizonte mais amplo da *realidade histórica* que, segundo defende ele, a tradição insiste em dizer que, embora distorcida pelo pecado, foi *fundamentalmente transformada pela graça*.

Ellacuría desenvolve estas categorias como *fundamenta* filosóficos e teológicos para uma abordagem latino-americana da teologia, a qual ele usa para interpretar a face humana de Deus revelada pelo arcebispo romeno no povo sofredor de El Salvador e em suas lutas pela libertação e pela vida. Em minha opinião, a importância do feito teológico de Ellacuría e de suas raízes em aspectos da obra de Rahner

95

leva a concluir que Ignacio Ellacuría deveria ser considerado quiçá o mais importante intérprete latino-americano de Rahner (Lassalle-Klein, 2009, 347-376; 2007, 213-230).

(Este artigo é uma versão condensada e revisada de Robert Lassale-Klein, Ignacio Ellacuría's Rahnerian Fundamental Theology for a Global Church, *Philosophy and Theology*, Marquette University Journal, v. 25, n. 2 [2013], 275-299).

Referências

EGAN, M. M.; A., Laurence (1976). Forward. Ignacio Ellacuría *Freedom Made Flesh: The Mission of Christ and His Church*. Maryknoll, New York: Orbis Books.

ELIZONDO, Miguel (1969). The First Week as Indispensable Beginning for Conversion. Reunión-Ejercicios de la Viceprovincia Jesuítica de Centroamérica, Diciembre 1969. *Reflexión teológico-espiritual de la Compañía de Jesús en Centroamérica*, v. II. San Salvador, Archives of the Society of Jesus: Provincia de Centroamérica, 1-8.

ELLACURÍA, Ignacio. Filosofía de la realidad histórica. San Salvador, UCA Editores, 1990.

_____ (1993). Historia de la salvación. *Revista Latinoamericana de teología*, n. 28:3-25. Também: 2000. *Escritos teológicos*, v. 1. San Salvador: UCA Editores, 597-628.

_____ (1984). The Historicity of Christian Salvation. *Revista Latinoamericana de teología*, n. 1:5-45. Também: 1993. Margaret Wilde trans. Mysterium Liberationis. New York: Orbis Books, 251-289.

_____ (1988). La superación del reduccionismo idealista en Zubiri. Estudios Centroamericanos, n. 477: 633-650. Também: 2001. *Escritos filosóficos*, v. III. San Salvador: UCA Editores, 403-430.

_____ (1973). *Teología política*. San Salvador, Ediciones del Secretariado Social Interdiocesano. Também: 1976. John Drury trans. *Freedom Made Flesh: The Mission of Christ and His Church*. Maryknoll: Orbis Books.

_____ (1969). El Tercer Mundo Como Lugar Optimo de la Vivencia Cristiana de los Ejercicios. Reunión-Ejercicios de la Viceprovincia Jesuítica de Centroamérica, Diciembre 1969. *Reflexión teológico-espiritual de la Compañía de Jesús en Centroamérica*, v. II. San Salvador, Archives of the Society of Jesus: Provincia de Centroamérica.

_____ (1986). Voluntad de fundamentalidad y voluntad de verdad: conocimiento-fe y su configuración histórica. *Revista Latinoamericana de teología*, 8:113-132. Também: 2000. *Escritos teológicos*, v. I. San Salvador: UCA Editores, 107-137.

FIELDS, S. J.; M., Stephen (2000). *Being as Symbol: On the Origins and Development of Karl Rahner's Metaphysics*. Washington, D.C.: Georgetown University Press.

HEIDEGGER, Martin (1962). *Being and Time*. John Macquarrie & Edward Robinson, trad. New York and Evanston: Harper and Row.

LASSALLE-KLEIN, Robert (2014). Blood and Ink: Ignacio Ellacuría, Jon Sobrino and the Jesuit Martyrs of the University of Central America. Maryknoll, New York: Orbis Books.

_____ (2007). La historización de la filosofía de la religión de Rahner en Ellacuría y Zubiri. In: NICOLÁS, Juan A.; SAMOUR, Héctor (eds.). *Historia, Ética y Liberación. La actualidad de Zubiri*. Granada, Spain: Editorial Comares, 213-230.

_____ (ed.) 2011. *Jesus of Galilee: Contextual Christology for the 21st Century*. Maryknoll, New York: Orbis Books.

_____ (2011). Marina's Gospel and the Historical Reality of Jesus. In: BURKE, Kevin; LASSALLE-KLEIN, Robert (eds.). *Jesus of Galilee: Contextual Christology for the 21st Century*. Maryknoll: Orbis Books, 99-118.

_____; BURKE, S. J.; KEVIN (eds.). 2006. *Love That Produces Hope: The Thought of Ignacio Ellacuría*. Collegeville, MN: Michael Glazier/Liturgical Press.

_____; ELIZONDO, Virgilio; GUTIERREZ, Gustavo (eds.) (2009). *The Galilean Jesus. Special Issue of Theological Studies*, v. 70, n. 2, Spring: 347-376.

MAIER, S. J.; MARTIN (2006). Karl Rahner: The Teacher of Ignacio Ellacuría. Love That Produces Hope, 128–143.

_____ (1992). *Theologie des Gekreuzigten Volkes: Der Entwurf einer Theologie der Befreiung von Ignacio Ellacuría und Jon Sobrino*. Doctoral dissertation, University of Innsbruck.

RAHNER, Karl (1941, 1994). *Hearer of the Word: Laying the Foundation for a Philosophy of Religion*. New York: Continuum.

_____ (1957, 1968, 1994). *Spirit in the World*. William Dych, S. J., trans. New York: Continuum Publishing.

_____; VORGRIMLER, Herbert (1965). Being. *Theological Dictionary*. New York: Herder and Herder, 53-54.

RIVERA, Jorge Eduardo (2001). *Heidegger y Zubiri*. Editorial Universitaria, S.A & Ediciones Universidad Católica de Chile.

SHEEHAN, Thomas (1987). *Karl Rahner: The Philosophical Foundations*. Athens, Ohio: Ohio University Press.

SOBRINO, Jon (2006). Ignacio Ellacuría as a Human Being and a Christian. In: BURKE, Kevin; LASSALLE-KLEIN, Robert (eds.). *Love That Produces Hope: The Thought of Ignacio Ellacuría*. Collegeville, MN: Michael Glazier/Liturgical Press.

ZUBIRI, Xavier (1984, 1985). *El Hombre y Dios*. Madrid: Alianza Editorial, Sociedad de Estudios y Publicaciones.

_____ (1980). *Inteligencia sentiente: Inteligencia y realidad*, v. 1. Madrid: Alianza Editorial.

_____ (1987, 2004). *Naturaleza, Historia y Dios*. Madrid: Alianza Editorial, Fundación Xavier Zubiri.

_____ (1962, 1985). *Sobre la esencia*. Madrid: Alianza Editorial, Sociedad de Estudios y Publicaciones.

Respectividade e teologia dos sinais

Thomas Fornet-Ponse

Com a ênfase do Vaticano II sobre a importância dos "sinais dos tempos", a necessidade de uma teologia dos sinais foi entrando cada vez mais em foco, embora nem de longe seja uma questão nova na teologia. Além das referências explícitas aos "sinais dos tempos" na *Gaudium et Spes*, a renovada compreensão da Igreja como sacramento "ou como sinal e instrumento da íntima união com Deus e da unidade de todo o gênero humano" (*Lumen Gentium* 1) demanda uma análise do que seja tal sinal a partir de uma perspectiva filosófica e teológica, de como ele pode ser distinto de outros sinais, e quais são as consequências de tal posição.

Neste ensaio, pretendo tratar da contribuição que uma filosofia e uma teologia nas pegadas de Ignacio Ellacuría podem oferecer a tais questões. Portanto, depois de uma breve discussão em torno da necessidade e dos conteúdos principais de uma teologia dos sinais baseada no Vaticano II, mostrarei que a teologia de Ellacuría pode ser resumida como uma teologia dos sinais. Em segundo lugar, considerando seu servir-se dos conceitos de inteligência senciente e respectividade, de Zubiri, tratarei do fundamento filosófico de sua teologia dos sinais. A partir daí, é possível examinar de perto a compreensão que Ellacuría tinha de Jesus Cristo como o perfeito sinal de Deus e da Igreja como sinal do Reino de Deus.

A necessidade de uma teologia do sinal

> Para desempenhar tal missão, a Igreja, a todo momento, tem o dever de perscrutar os sinais dos tempos e interpretá-los à luz do Evangelho de tal modo que possa responder, de maneira adaptada a cada geração, às interrogações eternas sobre o significado da vida presente e futura e de suas relações mútuas. É necessário, por conseguinte, conhecer e entender o mundo no qual vivemos, suas esperanças, suas aspirações e sua índole frequentemente dramática (GS 4).

De acordo com Hans-Joachim Sander, a expressão "sinais dos tempos" sem dúvida aparece apenas neste ponto na GS; isto não obstante representa sua perspectiva fundamental. Visto que é necessário que cada geração trate novamente das últimas questões da humanidade, não há nenhuma contradição entre o temporal e o eterno. "Os sinais dos tempos representam esta não contradição. Eles são determinados por uma não exclusão do polo histórico do permanente depósito da fé e por uma não exclusão da posição que transcende o tempo da contemporaneidade concreta".[1] Assim, os sinais dos tempos assinalam incidentes, acontecimentos ou fatos que fornecem um olhar sobre amplos desdobramentos no humanitarismo e no desumanitarismo, e representam o essencial humano e o que é importante para a situação atual. Eles são fenômenos precários, nos quais a felicidade e a angústia dos homens desta era se tornam visíveis, na

---

[1] SANDER, Hans-Joachim. Theologischer Kommentar zur Pastoralkonstitution über die Kirche in der Welt von heute *Gaudium et spes*. In: HÜNERMANN, Peter; HILBERATH, Bernd Jochen (ed.). *Herders Theologischer Kommentar zum Zweiten Vatikanischen Konzil*. V. 4. Freiburg i.Br. et. al., 2005, 581-886, 716.

qual os homens devem lutar pelo reconhecimento de sua dignidade. Ao referir-nos a eles, é possível enfatizar a importância da fé. "O que os sinais dos tempos revelam de fora, a luz do Evangelho possibilita a partir de dentro. Ambos estão produzindo uma diferença necessária para não sermos completamente absorvidos, ou afogar-nos na esperança e na ansiedade dos homens desta época."[2] A GS usa a espiral pastoral (ver – julgar – agir) no que tange aos sinais dos tempos ao mencionar o dever de examiná-los, interpretá-los à luz do Evangelho e responder às questões existenciais dos homens. Por conseguinte, os sinais dos tempos tornam-se *loci theologici*.

Esta perspectiva fundamental da GS expressa claramente o caráter semiótico da teologia e a necessidade de uma teologia dos sinais, que não se restringe a uma teologia do símbolo, mas considera outras representações simbólicas cotidianas como uma mediação de nosso encontro com o mistério do Deus que se auto-oferece.[3] Todos os sinais surgem da diferença entre interior e exterior, e capacitam-nos a trabalhar com esta diferença.

Uma perspectiva semiótica pode parecer como uma perspectiva do lado externo da teologia, mas ela conduz a seu âmago, visto que a teologia trabalha com sinais também. "Deus" é, primeiramente e acima de tudo, um nome geralmente acessível e incorpora uma fonte pública de discurso. "Deus está presente com seu nome e, ao mesmo tempo, independente daqueles que aprenderam a dirigir-se a ele."[4] O sinal não se restringe a teólogos, visto que todos os que aprenderam a trabalhar com ele estão aptos a fazer isso. Com referência à concepção do triângulo semiótico de C. S. Peirce como uma constelação universal para todo ato cognitivo, Sander ressalta que a Primeiridade, a referência à realidade, não pode ser excluída, e que é um

---

[2] SANDER, *Kommentar*, 717.

[3] Cf. LASSALLE-KLEIN, Robert. Rethinking Rahner on Grace and Symbol. New Proposals from the Americas. In: CROWLEY, Paul (ed.). *Rahner beyond Rahner. A Great Theologian Encounters the Pacific Rim*. Lanham, 2005, 87-99, 94.

[4] SANDER, Hans-Joachim. Die Zeichen der Zeit erkennen und Gott benennen. Der semiotische Charakter von Theologie. *ThQ* 182 (2002), 27-40, 30.

problema representacional para a teologia, visto que ela não pode ficar reduzida ao discurso interno. "Sem sinais, [a teologia] é o exterior mudo de si mesma, mas, se ela realmente tiver sinais disponíveis para seus próprios interesses, pode apresentar o conteúdo da realidade de suas afirmações."[5] Tratar dessa necessidade semiótica não é apenas uma das mais importantes conquistas dogmáticas do Vaticano II, mas também algo em que Ignacio Ellacuría estava profundamente interessado. Com efeito, baseado na teologia do símbolo de Rahner e em sua própria convicção de que a realidade histórica é o verdadeiro objeto da filosofia e da teologia, ele aplica uma "teologia (e ontologia) do sinal mais complexa e nuançada",[6] na qual não somente os sacramentos, mas também os sacramentais ou outras representações simbólicas cotidianas podem ser considerados como mediação para nosso encontro com Deus. Uma descrição muito breve de sua compreensão de um sinal pode ser encontrada em um de seus escritos eclesiológicos:

> O sinal, por sua própria natureza, deveria ser algo visível e verificável; o sinal deveria, também por sua natureza, referir-se a algo que está igualmente relacionado ao sinal, mas que não é o sinal mesmo. O sinal não precisa parecer com o que significa; por exemplo, o sinal linguístico não se assemelha à mensagem que ele quer transmitir, mas sua eficácia jaz no transmitir a mensagem. O sinal não é senão uma mediação ativa entre dois extremos, cuja conexão não pode ser imediata.[7]

Teologicamente falando, não há nenhuma união entre Deus e o Homem, mas, em um processo histórico – a história da salvação–, a presença visível e operante de Deus entre os humanos. Destarte, ao unificar – não ao identificar – seu caráter teologal e histórico, supera-se a visível dualidade da Igreja.

---

[5] SANDER, *Zeichen*, 32.
[6] LASSALLE-KLEIN, RAHNER, 95.
[7] ELLACURÍA, Ignacio. Iglesia y realidad histórica. In: Ibid., *Escritos teológicos II*. San Salvador, 2000, 501-515, 505, parcialmente traduzido Lassalle-Klein, Rahner, 95.

Embora Ellacuría use a categoria de sinal principalmente em seus escritos teológicos, toda a sua teologia pode ser resumida como uma "teologia do sinal".[8] Em uma carta inédita em defesa de seu livro *Teologia política*, contra críticas expressas por um recenseador anônimo, endereçada ao gabinete do núncio apostólico em San Salvador, ele não apenas enfatiza o impacto da teologia do símbolo de Rahner em sua própria obra, mas também sua perspectiva fundamental. De acordo com Ellacuría, esse crítico "ignora e desconsidera o que é essencial em minha obra: a salvação na história é um sinal da plenitude de uma salvação que é meta-histórica".[9] Esta teologia do sinal "domina toda a publicação... Tudo o que é apresentado como salvação na história... é visto como um sinal da história da salvação. Ela provém disso e avança em direção a isso. Minha obra tenta demonstrar a conexão entre o sinal e o que o constitui como sinal".[10] Isso nos leva à base filosófica de sua teologia do sinal, o que ele não menciona explicitamente, mas que pode ser encontrado em sua apropriação de duas noções centrais e intimamente relacionadas de seu mentor Xavier Zubiri: a epistemologia da "inteligência senciente" e a ideia metafísica da respectividade.

Inteligência senciente e respectividade como fundamento filosófico para uma teologia do sinal[11]

Ambos os conceitos oferecem um fundamento filosófico para uma teologia do sinal: a "inteligência senciente" trata da questão

---

[8] Cf. LASSALLE-KLEIN, RAHNER, 95.
[9] Apud LASSALLE-KLEIN, RAHNER, 95.
[10] Apud LASSALLE-KLEIN, RAHNER, 95.
[11] Cf. ZUBIRI, Xavier. *Sentient Intelligence*. Traduzido por Thomas Fowler. Washington, 1999; ZUBIRI, Xavier. Respectividade de lo real. *Realitas III-IV* (1979), 13-43. A propósito da influência de Zuburi sobre Ellacuría, cf. LASSALLE-KLEIN, Robert. Ignacio Ellacuría's Debt to Xavier Zubiri: Critical Principles for a Latin American Philosophy and Theology of Liberation. In: BURKE, Kevin F.; LASSALLE-KLEIN, Robert (eds.). *Love That Produces Hope. The Thought of*

epistemológica do relacionamento entre a intelecção, ou seja, o raciocínio, e a realidade, enquanto a possibilidade de algo referir-se a outra coisa baseia-se na respectividade do real.

A epistemologia de Zubiri da "inteligência senciente" é o resultado de sua crítica reconstrutiva de um idealismo reducionista que ele diagnostica na filosofia ocidental.[12] A fim de superar as distorções da logificação da inteligência e a entificação da realidade, ele propõe compreender a intelecção humana como uma unidade estrutural de inteleção e sensação como duas dimensões de um único ato intelectivo: "Creio que a compreensão consiste formalmente em apreender o real como real, e que o sentir é apreender o real na impressão".[13] Assim, a sensação humana, ou seja, a percepção mediante os sentidos, e a intelecção não estão em oposição, mas constituem um único e indivisível ato de apreensão. "A intelecção é uma forma de sensação, e a sensação, no homem, é uma forma de intelecção."[14] Este ato não é apenas uma apreensão da realidade, mas uma impressão da realidade, combinando, assim, o momento intelectivo com a experiência dos sentidos. Portanto, a intelecção da realidade não é simplesmente produzida mediante julgamentos afirmativos, proposicionais ou confirmativos acerca dos elementos dados pelos sentidos. "[A realidade] já está dada na própria sensação, na própria realização sensível."[15] Isso não pretende reduzir as funções intelectivas subsequentes, ou outras, à sensação, visto que o caráter senciente da intelecção não apenas produz conteúdos; a sensação é a impressão da dimensão formal da própria realidade.

A partir daí, Ellacuría desenvolve sua filosofia da realidade histórica com foco sobre a realidade histórica como o verdadeiro objeto da

---

Ignacio Ellacuría. Collegeville, 2006, 88-127; BURKE, Kevin F. *The Ground Beneath the Cross. The Theology of Ignacio Ellacuría*. Washington, 2000, 43-97.

[12] Cf. ELLACURÍA, Ignacio. La superación del reduccionismo idealista en Zubiri. In: Ibid., *Escritos filosóficos III*. San Salvador, 2001, 403-430.

[13] ZUBIRI, *Intelligence*, 4.

[14] Ibid., 4.

[15] ELLACURÍA, superación, 422, trad. Lassalle-Klein, Debt, 100.

filosofia.[16] Desse modo, realça não somente a contextualidade de sua própria obra, mas considera-a como necessária para que surja um filosofia verdadeiramente autêntica de sua própria realidade histórica e para cumprir sua tarefa crítica e libertadora com relação a esta realidade histórica.[17] Ademais, fornece a base para sua ênfase teológica sobre a dimensão histórica da salvação e para a proclamação do povo histórico crucificado como o principal sinal dos tempos que deveriam orientar a "missão histórica universal" da Igreja.[18] Com os "sinais dos tempos", a revelação de Deus é colocada em relacionamento com a história real que não suplanta o Evangelho como a fonte mais importante da teologia, mas, antes, leva a sério os sinais dos tempos como lugar teológico, a fim de relacioná-los com o depósito da fé. "A Palavra de Deus revela seus verdadeiros conteúdos através da realidade histórica. Desse modo, a Palavra de Deus é viva e criadora, e é capaz de dizer novas coisas em novas situações históricas."[19] Em relação a Zubiri, Ellacuría considera o depósito da fé como um sistema de possibilidades que são realizadas de acordo com as necessidades dos acontecimentos históricos. Adicionalmente, Ellacuría transforma a realização recíproca da realidade e do sujeito, desenvolvida por Zubiri, em um imperativo ético ao ressaltar que "a estrutura formal da inteligência e sua função diferenciadora... não é compreender o ser ou capturar o sentido, mas apreender a realidade e enfrentar tal realidade".[20] Isso tem uma tríplice dimensão: primeiramente, o momento noético de *compreender o peso da realidade (el hacerse cargo de la realidad)*, que presume estar na realidade das coisas e não simplesmente diante da ideia ou do significado delas; em segundo

---

[16] Cf. ibid., *Filosofía de la realidad histórica*. San Salvador, 1990.

[17] Cf. ibid., Función liberadora de la filosofía. In: Ibid. Veinte años de historia den El Salvador (1969-1989). *Escritos políticos I*. San Salvador, 2005, 93-121, 121.

[18] Cf. ibid., Discernir el signo' de los tiempos. In: *Escritos teológicos II*, 133-135; Ibid. Los pobres, lugar teológico en América Latina. In: *Escritos teológicos I*. San Salvador, 2000, 137-161.

[19] MAIER, Martin. Karl Rahner: The Teacher of Ignacio Ellacuría. In: BURKE; LASSALLE-KLEIN. *Love*, 128-143, 136.

[20] Cf. ELLACURÍA, Ignacio. Hacia una fundamentación del método teológico latinoamericano. In: *Escritos teológicos I*, 187-218, 207.

lugar, a natureza ética da inteligência, *carregar o peso da realidade (el cargar con la realidad)*, visto que a inteligência deve responder à demanda da realidade; em terceiro lugar, o *assumir o peso da realidade (el encargarse de la realidad)*, o que indica a natureza da inteligência orientada para a práxis.[21] De modo particular, a última dimensão explica por que Ellacuría escreve que um sinal deveria ser algo visível e verificável, por que a credibilidade da Igreja como sinal do Reino de Deus depende de sua dedicação em compreender a salvação historicamente, e por que a realidade histórica "leva à verdade da realidade e à verdade da interpretação da realidade",[22] e que isso diz respeito, de preferência, à equivalência entre *verum* ["verdadeiro"] e *faciendum* ["o que deve ser feito"], e não à equivalência entre *verum* ["verdadeiro"] e *factum* ["o que está feito"].

Tanto a ênfase de Ellacuría sobre esta tríplice dimensão da apreensão da realidade quanto sua argumentação em favor da realidade histórica como o verdadeiro objeto da filosofia estão baseadas em sua recepção da ideia de respectividade (um de seus neologismos), de Zubiri, como expressão para a unidade da realidade e de sua estrutura dinâmica. O âmago desta ideia filosófica está expresso na primeira tese de Ellacuría sobre o verdadeiro objeto da filosofia: "A totalidade da realidade intramundana constitui uma única unidade física que é complexa e diferenciada, de tal forma que a unidade não nulifica as diferenças, e as diferenças não anulam a unidade".[23] Esta tese enfatiza a totalidade do real ao ressaltar uma unidade anterior, primária e sistemática da realidade – chamada "respectividade" –, que é anterior a todas as relações (aspecto estático) e funções (aspecto dinâmico) e constitui todas as coisas como coisas e como reais. A realidade *qua* [enquanto] realidade é caracterizada por uma intraconexão fundacional; qualquer coisa real está ligada a qualquer outra

---

[21] Para uma análise detalhada do significado e da função da práxis na teologia de Ellacuría, cf. LEE, Michael. *Bearing the Weight of Salvation. The Soteriology of Ignacio Ellacuría*. New York, 2009, 105-133.

[22] ELLACURÍA, Ignacio. El objeto de la filosofía. In: *Escritos políticos I*, 63-92, 89.

[23] Id., objeto 76, traduzido por Burke, Ground, 54.

coisa real no cosmo. Além do mais, essa realidade intramundana é intrínseca e constitutivamente dinâmica:

> A realidade é dinâmica a partir de si mesma [de por si], é dinâmica por si mesma [*de suyo*] e seu momento de dinamismo consiste inicialmente em um dar-de-si [dar de si]. O mundo, tal como a respectividade da realidade *qua* realidade, não tem dinamismo nem está no dinamismo, mas, antes, é, ele próprio, dinâmico: a respectividade mundana é essencialmente dinâmica.[24]

O dinamismo intrínseco da realidade é anterior ao movimento ou processo, e está intimamente interligado ao equilíbrio entre identidade e multiplicidade, visto que o dinamismo viola a identidade e a não identidade realiza o dinamismo. Além do mais, é a base do movimento a partir de formas inferiores da realidade até formas mais elevadas, culminando na realidade histórica como a manifestação suprema da realidade. Nesta unidade sistemática e estrutural da realidade, cada parte recebe sua realidade do todo, embora as próprias partes o constituam como um todo.

A intraconexão fundacional de todas as coisas reais *qua* reais está baseada em outro aspecto importante da noção de respectividade de Zubiri: a abertura de uma coisa real.

A formalidade da realidade é, em si mesma, *qua* "da realidade", algo aberto, pelo menos no que diz respeito a seu conteúdo... Por estar aberta, esta formalidade é aquela pela qual uma coisa real *qua* real é "mais" do que seu conteúdo real. A realidade não é, pois, uma característica do *conteúdo já completado*, mas é *formalidade aberta*.[25]

Acima de tudo, a formalidade da realidade está aberta a um conteúdo que "é de direito próprio" (*de suyo*) e, portanto, constitui sua própria suidade (*suidad*) como tal. Além disso, está aberta para ser um momento do mundo que não é uma conjunção de coisas reais,

---

[24] ELLACURÍA, *Filosofía*, 591, traduzido por Burke, Ground, 55.
[25] ZUBIRI, *Intelligence*, 45.

mas a unidade física formalmente constituída pelo caráter de ser pura e simplesmente real.

> Esta respectividade tem dois momentos: é *suificante* e *mundificante*. Ou seja, cada coisa é "esta" coisa real; em um sentido ulterior, é "sua própria" realidade (suificante); em um aspecto ainda mais ulterior, é realidade mundanal pura e simples (mundificante).[26]

Visto que todos os tipos de relações são referências de uma coisa real a outra, tudo pressupõe uma respectividade transcendental que consiste primária e radicalmente na abertura intrínseca e formal do momento da realidade. "Somente porque a realidade é respectivamente aberta é possível haver relação."[27] De modo particular, a abertura de uma coisa real e esta determinação do relacionamento de uma coisa real com a totalidade da realidade pode ser aplicada com êxito à questão de fundamentar uma teologia do sinal que pode ser mais bem demonstrada ao se discutirem exemplos específicos, quais sejam Cristo como o sinal em que Deus se revelou na história, ou a Igreja como sinal do Reino de Deus.

Cristo e a Igreja como exemplos para uma teologia do sinal

Embora Ellacuría se junte a uma longa tradição que compreende Cristo como sinal de Deus e a Igreja como sinal de seu Reino, suas observações, porém, mostram sua perspectiva particular como um teólogo da libertação, com foco sobre a realidade histórica. Tal como Rahner, ele enfatiza a íntima conexão entre a história da salvação e a história do mundo. A realidade histórica compreendida como uma totalidade respectiva contém tudo o que conduz ao Reino de Deus e tudo o que se opõe a ele; portanto, não é algo a ser totalmente superado ou negado. "A história da salvação e a assim chamada história

---

[26] Ibid., 46.
[27] Id., *Respectividad*, 40.

profana estão envolvidas em uma única história a que elas servem, a história de Deus, o que Deus fez com toda a natureza, o que Deus faz na história da humanidade".[28] Ao enfatizar a história da salvação como uma salvação na história, e a vida histórica de Jesus como o ponto culminante da história da revelação, ele conclui a propósito da salvação: "1) Será diferente de acordo com o tempo e o lugar em que ela for elaborada; 2) deve ser compreendida e realizada na realidade histórica dos seres humanos, em sua realidade concreta total".[29] A Igreja permanece fiel à sua missão ao fazer novas leituras da revelação e ao proclamar a salvação por caminhos diferentes, que correspondam a situações diferentes, reconhecendo, assim, as necessidades concretas de uma situação particular e demonstrando sua abertura a outras realidades, especialmente a realidade histórica.

> Os cristãos devem insistir em que a história é o espaço da revelação de Deus, e que esta revelação pretende mostrar-nos, aqui e agora, que Deus está a revelar-se na história... Deus revelou-se na história não diretamente, mas em um sinal: a humanidade na história. Não há nenhum acesso a Deus senão através deste sinal na história.[30]

A crença cristã, portanto, enfatiza que só é possível comunicar-se com Deus através do sinal da humanidade de Jesus. Jesus é o sinal perfeito e mostrou-nos, de maneira histórica, a necessidade de mediação quer na apresentação de Deus a nós, humanos, quer em nossa obtenção de acesso a Deus. "Ele também nos mostra o que a historicização desta mediação poderia e deveria ser."[31] Desse modo, uma reflexão sobre Jesus e sua missão profética, bem como o caráter político desta é indispensável para compreender a natureza da salvação na história. Porque a presença da salvação se torna evidente na história e através dela, o relacionamento entre a salvação cristã e a libertação histórica pode ser descrito como soteriologia histórica. Burke

---

[28] ELLACURÍA, Ignacio. Historicidad de la salvación cristiana. In: *Escritos teológicos I*, 535-596, 571.
[29] Ibid., *Freedom*, p. 15.
[30] Ibid., 18.
[31] Ibid., 87.

ressalta a correspondência entre a soteriologia histórica de Ellacuría e a tríplice dimensão da apreensão da realidade: a dimensão noética é interpretar teologicamente o relacionamento da transcendência com a história; a opção ética é descer de suas cruzes os povos crucificados, e a dimensão orientada para a práxis diz respeito "à práxis eclesial que participa da ação salvífica de Deus e constitui o povo de Deus como sacramento histórico da libertação".[32]

Ellacuría enfatiza a dimensão sociopolítica da profecia de Jesus ao apontar seu enraizar-se na tradição profética e seu transcendê-la, com sua rejeição de uma religião ritualizada, seu ataque contra a opressão exercida pelas autoridades religiosas, sua preferência pelo universalismo dos profetas. Em resumo, sua "passagem da ênfase religiosa para a fé operante".[33] É verdadeiramente cristão seguir Jesus em nossas vidas concretas, por exemplo, renunciando à riqueza material e distribuindo-a aos pobres. Ellacuría refere-se à comparação entre os três milagres de Moisés em Êxodo 4 e os três milagres correspondentes feitos por Jesus, e indica a necessidade de sinais ou de feitos espetaculares que mostrem ou provem a presença ou vontade de Deus, a depender da situação. Independentemente de os sinais serem consequências ou pressuposições da fé em Cristo, eles mostram a íntima conexão entre o sinal e o significado. "Ademais, o sinal pode ser compreendido como a unidade do significante (o acontecimento histórico que aponta para a salvação) e do significado (a salvação tornada presente no acontecimento histórico)".[34] Tendo em vista toda a práxis da vida de Jesus levando-o a opor-se aos poderes mundanos opressores e idólatras e, finalmente, sua morte violenta, Ellacuría enfatiza a novidade da transcendência histórica cristã: "A práxis histórica de Jesus revela nele uma nova e definitiva presença de Deus, a qual, por sua vez, empresta novas perspectivas e novas dimensões à

---

[32] BURKE, Ground, 152. Cf. LEE, Weight, esp. 48-50.
[33] ELLACURÍA, Freedom, 30. Cf. ibid., Historicidad, 552.
[34] Ibid., Historicidad, 565.

transcendência em seu sentido específica e plenamente cristão".[35] O lugar proeminente para refletir sobre esta inter-relação entre transcendência e realidade histórica é a cruz na qual Jesus foi crucificado. Ela não deve ser separada do crucificado, o que a tornaria um símbolo abstrato e desistoricizado. A esse respeito, Ellacuría destaca a íntima conexão das duas questões atinentes à morte de Jesus: Por que Jesus morreu? Por que foi assassinado?[36] Enquanto a primeira questão trata da perspectiva histórico-teológica e, portanto, do ponto de vista soteriológico, a segunda questão está interessada na realidade histórica e na dimensão política. As duas questões não podem ser separadas, mas a prioridade histórica deve ser buscada na segunda. Jesus foi assassinado por causa da vida que ele viveu e da missão que levou a cabo. "Se, a partir de um ponto de vista histórico-teológico, pode-se dizer que Jesus morreu por nossos pecados e pela salvação humana, ou seja, que sua morte tem um caráter soteriológico, do ponto de vista teológico-histórico deve-se afirmar que eles o mataram devido à vida que ele levava."[37] Isto sublinha que a história da salvação é salvação em e da história. A necessidade da morte de Jesus, mencionada nos evangelhos (cf. Lc 24,26), é explicada como necessidade histórica, que se refere à realidade teologal-histórica em que tanto o pecado quanto a vontade salvífica de Deus afetam as estruturas da sociedade e da história. Razões históricas particulares – uma conspiração das elites religiosas e políticas ameaçadas pela pregação e pelas ações proféticas de Jesus – levaram-no à morte. "Não foi acidental que a vida de Jesus tenha sido como foi; tampouco foi acidental que esta vida o tenha levado à morte que ele padeceu. A luta em favor do Reino de Deus pressupõe, necessariamente, uma peleja em favor do ser humano injustamente oprimido; esta luta leva ao confronto com os que são responsáveis por essa opressão. Por isso é que ele morreu."[38]

---

[35] Ibid., 567, trad. Burke, Ground, 166.
[36] Cf. id., ¿Por qué muere Jesús y por qué lo matan? In: *Escritos teológicos II*, 67-88.
[37] Ibid., 86.
[38] Ibid., 86f, trad. BURKE, Ground, 180.

Desse modo, não é apenas sua morte que tem peso salvífico, mas a continuidade de sua vida com sua morte. A vida confere sentido definitivo à sua morte que, apenas como consequência desta vida, é o sentido de sua vida. Consequentemente, é necessário que os acontecimentos da vida terrena de Jesus prossigam como "continuação histórica que segue adiante fazendo o que ele fez e como ele o fez".[39] Isto leva Ellacuría a estabelecer os povos crucificados como o mais urgente de todos os sinais dos tempos contemporâneos. Ele é a continuação histórica do Servo de Iahweh em Isaías e se distingue não por sofrer sozinho, mas por uma situação de crucifixão devido ao modo pelo qual a sociedade é organizada e conservada por uma minoria opressora. Ao representar a continuação histórica da morte salvífica de Jesus, os povos crucificados tornam-se sinal da vontade de Deus. "Baseando-se na semelhança entre a paixão de Jesus e a paixão dos povos crucificados, Ellacuría conclui que os povos aparecem não apenas como vítimas do pecado do mundo, mas como salvadores e juízes do mundo."[40]

Em relação à nossa interpretação de Jesus Cristo como o sinal de Deus, é muito importante observar que as experiências concretas de sua vida capacitaram Jesus "a aprender como deveria entender o Reino que ele viera proclamar e como o acesso a esse Reino deveria ser franqueado".[41] Não somente a salvação acontece em e através da história, mas também a própria consciência messiânica de Jesus e nosso conhecimento dela são mediados por ela. Sem dúvida, é necessário passar da salvação na história para uma salvação meta-histórica, e os seres humanos podem reconhecer a autêntica salvação na história por causa da proclamação desta salvação meta-histórica. Contudo, "a salvação autêntica na história será o primeiro e único

---

[39] ELLACURÍA, El pueblo crucificado. Ensayo de soteriología histórica. In: *Escritos teológicos II*, 137-170, 152.
[40] BURKE, Ground, 185.
[41] ELLACURÍA, *Freedom*, 54.

sinal válido, compreensível aos seres humanos, do que significa a salvação meta-histórica".[42]

Aplicando-se a breve definição de sinal apresentada por Ellacuría, citada anteriormente, a humanidade de Jesus e a unidade de sua vida e morte são o sinal no qual Deus revelou a si mesmo como sendo algo visível e verificável. Refere-se a algo que não é o próprio sinal, mas está em relação ao sinal, uma vez que, de um lado, a Palavra fez-se carne na realidade histórica, e não Deus Pai ou o Espírito Santo, e, por outro lado, as duas naturezas são distintas, imutáveis, indivisíveis e inseparáveis. É uma mediação ativa entre os dois extremos – Deus e a humanidade – cuja conexão não pode ser imediata, mas precisa do mediador Jesus Cristo, com suas duas naturezas. A tríplice dimensão da apreensão da realidade, com seu foco sobre a natureza da inteligência orientada para a práxis, está refletida claramente na insistência de Ellacuría sobre uma fé operante e que segue a Jesus concretamente. Ademais, ela cria a possibilidade de a Igreja ser sinal do Reino de Deus: agir no mundo é agir de acordo com esse caráter de sinal. Um observador não seria capaz de reconhecer algo que apenas lidasse com uma dimensão da apreensão da realidade e não acompanhasse a vida de Jesus como sinal do Reino de Deus. Devido à historicidade da missão da Igreja, esta deve proclamar e efetivar a salvação historicamente e, em um mundo cada vez mais secularizado, deixar clara a credibilidade de sua missão.

O homem Jesus é o sinal perfeito e mostra-nos a possível historicização da mediação entre Deus e a humanidade. "Ao dar continuidade à obra de Jesus, portanto, devemos buscar o tipo específico de mediação que significará Deus e o tornará presente a modo de sinal."[43] O sinal fundamental de Deus é a história do povo eleito, a história na plenitude do tempo, que é Jesus Cristo – e a Igreja, na medida em que ela prolonga a vida e missão dele, na medida em que

---

[42] Ibid., 68f.
[43] Ibid., 87.

ela é um sacramento histórico de libertação. A Igreja só faz justiça a seu caráter de sinal mediador se age na história, "quando se esforça sinceramente para ser, ela mesma, um sinal e somente um sinal, do Deus que se revelou na história".[44] O ponto de partida é a realidade histórica, assumindo, assim, tanto a intersubjetividade pessoal quanto o objetivismo da natureza de maneira positiva e correspondente à realidade total do homem como natureza e história. O sinal de credibilidade deveria corporificar-se na práxis histórica, e a salvação deveria ser proclamada de maneira expressiva.

> E a natureza dos sinais exige que consideremos seja o que deveria ser significado, seja a quem deve ser significado. O que deveria ser significado, neste caso, é a salvação total do homem em e através de sua intrínseca deificação; e os destinatários deste esforço é o mundo hoje, que está empenhado na salvação da história que ele carrega nos ombros. Desse modo, a salvação na história é o sinal hodierno da história da salvação.[45]

A historicidade da salvação tem a tríplice dimensão como autenticidade da vida real, como realização na história e como esperança em um futuro escatológico. Combinando-se a historicidade essencial da salvação e a necessidade de mediar a salvação na história através da Igreja, é possível explorar a encarnação característica do sinal – entre os extremos do não significar nada além de si mesmo (angelismo) e não significar intrinsecamente o que deveria significar (secularismo). A libertação, a justiça e o amor são dimensões essenciais já do mundo histórico, já da mensagem do Evangelho e, portanto, "oferece um canal adequado para mediar a salvação de modo histórico e para permitir que a Igreja se apresente como o sinal por excelência do Reino do Deus que salva o mundo".[46] Baseando-se na conexão entre salvação e história, a libertação cristã está interessada em evitar as tendências a ver a libertação como um processo puramente

---

[44] Ibid., 89.
[45] Ibid., 93.
[46] Ibid., 95.

imanente, ou como um processo puramente transcendental. A libertação cristã é compreendida negativamente como libertação de algo (especificamente da opressão e do pecado) e, positivamente, como libertação para algo (o ser-livre do Filho de Deus). A liberdade cristã clama pela formação do homem universal bem como por uma nova terra. "O Deus libertador, que transcende a história, fez-se presente na história, de modo significativo, pelo homem, e agora o homem proclama e afirma, na história, algo que ultrapassa a história."[47] Se os cristãos não trabalharem ativamente pela vinda de Deus e pela criação do novo homem, o mundo não pode acreditar neles. A Igreja está aqui para ser sinal da credibilidade do Evangelho na história, para ser um sacramento universal da libertação que se volte para sua realidade histórica e, principalmente, para o mundo dos pobres. O povo de Deus é caracterizado por uma opção preferencial pela libertação dos pobres por causa da solicitude especial de Deus para com os oprimidos e marginalizados. Ao seguir Jesus e ao servir ao Reino de Deus, a Igreja cumpre sua vocação de tornar presente o Reino de Deus na história. Como sacramento histórico da libertação, a Igreja deve tornar-se o corpo histórico de Cristo seguindo sua vida, sendo uma Igreja dos pobres e servindo como sacramento histórico de libertação.[48] Ellacuría enfatiza a ação do corpo de Cristo, a práxis do Reino de Deus como realização da vocação sacramental da Igreja. A Igreja precisa dedicar-se à libertação da injustiça neste mundo em razão de seu caráter de sinal, bem como porque se trata de um aspecto essencial de sua missão e de seu serviço ao mundo. "Se a Igreja quiser ser crível para o mundo ao qual foi enviada, precisa apenas ser, de fato, o que se pressupõe que seja por natureza... Em cada momento da história, ela deve olhar para o papel de portadora de sinal que lhe servirá adequadamente no plasmar seu verdadeiro ser na história,

---

[47] Ibid., 108, cf. 237.
[48] Cf. ELLACURÍA, Ignacio. Pobres. In: *Escritos teológicos II*, 171-192, 188-192; Ibid., Iglesia como pueblo de Dios. In: *Escritos teológicos II*, 317-342, 327-331; Ibid., La Iglesia de los pobres, sacramento histórico de liberación. In: Ibid., *Escritos teológicos II*, 453-485, 475-485.

e que possibilitará ao mundo reconhecer seu verdadeiro caráter."[49] Os sinais que ela deve procurar estão intrinsecamente conectados com sua missão e devem ser intrinsecamente críveis, bem como críveis para um mundo concreto. Visto que não se pode negar que a Igreja tenha contribuído para a injusta opressão dos seres humanos, é necessário reconhecer sua contribuição para ser um sinal eficaz da mensagem evangélica. Ela não só deve passar por uma dolorosa conversão e fazer penitência, mas também deve assumir uma ação positiva na luta contra a injustiça. "Sua contribuição específica jaz no combate contra a justiça na medida em que a injustiça é pecado".[50] A vocação da Igreja é denunciar a injustiça como pecado, anunciar e proclamar uma conversão pessoal radical e uma mudança estrutural como a única maneira de passar do pecado para a ressurreição, e, também, apoiar a luta dos oprimidos. A identificação da Igreja com os oprimidos levará à sua rejeição por parte do mundo, mas esta rejeição será um sinal irrefutável de sua dedicação ao estabelecimento da justiça, de seu caráter cristão e, portanto, de Deus Criador e Redentor. Ao refletir sobre a libertação redentora e sobre a luta contra a injustiça, é importante não esquecer o lugar central do amor de Cristo.

No mistério central da encarnação, as duas dimensões básicas do amor – o amor de Deus pela humanidade e o amor do homem por Deus – encontram-se e interagem. "O amor que o cristianismo proclama, o amor pelo qual os cristãos serão reconhecidos como tais e que tornará conhecida a divindade de Jesus, deve conformar-se ao amor que Jesus proclamou e viveu em sua própria vida."[51] Isto inclui um poder radical de transformação sem o qual ele não seria capaz de servir como sinal de salvação. A objetificação do amor na história deve centralizar-se na união do amor divino com o amor humano, e na luta a fim de eliminar o pecado. A fé e a esperança

---

[49] ELLACURÍA, *Freedom*, 110, cf., 160ff.
[50] Ibid., 114.
[51] Ibid., 119.

constroem a moldura da objetificação do amor na história e explicita suas possibilidades. "A esperança cristã impele a Igreja a engajar-se na ativa construção do mundo, em um processo que realmente exprimirá o Reino de Deus a ele conduzirá."[52] Uma vez que a Igreja, como um todo, deve ser sinal de Jesus, o Salvador, está obrigada a fazer o que real e verdadeiramente ela significa, e não se contentar em ser mero sinal, mas passar a ser mais do que simplesmente um sinal. "A Igreja será capaz de cumprir sua missão de significar e de plasmar a salvação de Jesus Cristo somente na medida em que for preservada do mundo e portar a mensagem evangélica – em resumo, somente na medida em que ela for a Igreja santa."[53]

Conclusão

Os vários aspectos da teologia do sinal explicada com os exemplos de Cristo como o sinal de Deus, e com os da Igreja como o sinal do Reino de Deus e, de modo especial, seu caráter orientado para práxis, estão claramente resumidos por Ellacuría no seguinte parágrafo:

> O sinal conduz-nos para além de si mesmo, mas, sem o sinal, não existe além para nós. O sinal é e ao mesmo tempo não é o que significa. E em nosso contexto atual, o sinal não pode ser algo arbitrário ou esquisito. Por sua própria natureza, deveria levar-nos rumo ao que ele alega significar, tal como é evidente no exemplo histórico do próprio Cristo. O sinal capacita-nos e obriga-nos a transformar a esfera mundana, porque, em todo caso, somente neste âmbito é que nós podemos descobrir o sinal. Ele obriga-nos a buscar aquele sinal que verdadeiramente chamará nossa atenção para o que Deus revelou em Jesus Cristo. Obriga-nos a não nos contentarmos com o sinal em si, pois, se realmente é o sinal estabelecido por Cristo em sua revelação histórica, ele nos conduzirá para além de si mesmo.[54]

---

[52] Ibid., 123.
[53] Ibid., 125.
[54] ELLACURÍA, *Freedom*, 140.

Tanto os sinais dos tempos quanto o Cristo e a Igreja, como sinais, devem seu caráter de sinal à unidade anterior, primária e sistemática da realidade e à abertura das coisas reais, visto que elas são o fundamento não somente para o foco sobre a realidade histórica, mas, primeiramente e acima de tudo, da íntima conexão, da "coextensibilidade" entre história da salvação e história do mundo. A história da salvação, como salvação em e da história, volta nossa atenção para a esfera mundana na qual os sinais podem ser descobertos e que deve ser transformada de acordo com a vontade de Deus. Esta maneira distintiva – ética e orientada para a práxis – de interpretação dos sinais e a capacidade que eles têm de obrigar-nos a transformar a realidade histórica é ulteriormente corroborada pela tríplice dimensão da apreensão humana da realidade. Os sinais dos tempos, de acordo com o Vaticano II, mostram a não contradição entre o temporal e o eterno, oferecem um olhar sobre os amplos desenvolvimentos no humanitarismo e no desumanitarismo, e representam aquilo que é significativo para a verdadeira realidade histórica.

Jesus, como o sinal da vontade salvífica universal de Deus, significa a possibilidade de transformar a realidade histórica de acordo com essa vontade (e conforme o custo desta dedicação), convocando a Igreja e todos os cristãos a segui-lo pelo caminho de uma fé operante. Fazendo isso, proclamando e tornando presente o Reino de Deus na história, a Igreja torna-se sinal crível, visível e verificável do Reino de Deus e realiza sua vocação como sacramento universal de libertação e de salvação.

O povo crucificado como sujeito da história?

Algumas reflexões sobre
a atualidade dos conceitos
da filosofia e da teologia de
Ignacio Ellacuría

Sebastian Pittl

Introdução

Sobre o túmulo dos seis jesuítas mártires, na capela da UCA, em São Salvador, podem-se ler algumas frases que expressam, de maneira impactante, o sentido profundo de seu viver e de seu morrer: "Que significa ser jesuíta hoje? Comprometer-se, sob a bandeira da cruz, com a luta de nosso tempo: a luta pela fé, que inclui a luta pela justiça. Não nos comprometemos com a promoção da justiça sem pagar o preço por isso".

O compromisso radical pela justiça era algo que os seis jesuítas tinham em comum. Cada um, porém, tinha sua própria maneira de enfrentar essa luta, com talentos e criatividades próprias. Ellacuría assumiu-a colocando o tema da justiça no centro de suas reflexões teológicas, filosóficas e políticas. Em seus escritos, abordou o tema a partir de diversas perspectivas, com variados métodos e enfoques, mas sempre com a orientação fundamental de contribuir para uma práxis libertadora eficaz, a fim de eliminar a injustiça estrutural e melhorar a situação das maiorias das populações pobres.

Neste trabalho, exploro um dos muitos aspectos do complexo tema da justiça no pensamento ellacuriano, o qual, dado nosso atual clima intelectual, tão cético perante todo grande relato, e todo pensamento utópico, parece-me de suma importância: a pergunta sobre se há, e se há, quem é, em última instância, o sujeito capaz de promover e realizar a justiça na história.

A relevância da pergunta é óbvia por pelo menos duas razões. A primeira é que se a esperança de um mundo mais justo não pode apontar quem é o sujeito que está em condições de realizar esta justiça, isso corre o perigo de converter-se em uma ilusão impotente e até alienante (Marx, *MEW*, I, 71). A segunda razão é que a luta pela justiça, para ser eficaz, precisa analisar criticamente quem pode e como se pode mudar o rumo de uma história injusta.

De um ponto de vista teológico, a pergunta remete, além do mais, ao debatido tema da graça. A tradição protestante insistiu de maneira particular em que, em última análise, somente Deus justifica e realiza a justiça. No entanto, esta afirmação que defende, com toda a razão, a transcendência da esperança cristã, se não quiser converter-se em uma fuga cínica da responsabilidade histórica, não pode esquivar-se da difícil tarefa de determinar quais são os sujeitos e os processos históricos através dos quais esse fazer justiça de Deus se realiza ou é obstaculizado.

Nas páginas que se seguem, procurarei oferecer algumas pistas para responder a estas questões a partir de dois conceitos-chave do pensamento de Ellacuría: o "sujeito da história" e "o povo crucificado". Buscarei interpretar estes conceitos e sua relação, perguntando-me por sua relevância para uma práxis cristã libertadora, em uma época que dá por consumado o fim da história (Fukuyama, 1992) e o fim dos grandes relatos (Lyotard, 1979).

Meu trabalho compõe-se de quatro partes. Na primeira, esboçarei alguns dos problemas com os quais se debate toda filosofia (e também a teologia) da história, com pretensão de universalidade e de atualidade. Na segunda, exporei alguns dos aspectos centrais do "sujeito da história", de Ellacuría. A terceira parte será dedicada a suas reflexões sobre o povo crucificado, e a quarta parte, retoma a pergunta central deste trabalho a respeito de se e em que sentido o povo crucificado pode ser considerado sujeito libertador da história. Concluo com algumas reflexões sobre o que as ideias de Ellacuría a respeito do povo crucificado podem dar como contribuição para as discussões filosóficas e teológicas atuais, sobre a importância das tradições religiosas para o mundo de hoje.

Possibilidade, necessidade e sentido da pergunta pela história e seu sujeito

Toda filosofia da história atual encontra-se com a seguinte aporia. Hoje em dia, é ainda possível falar de *uma* história? É necessário? Como esta perspectiva universal (que, segundo Ellacuría, não exclui, mas, antes, exige uma rigorosa contextualização de todo pensamento) é um traço fundamental dos escritos de Ellacuría, estas perguntas são de suma importância para toda tentativa de atualizar seu pensamento no ambiente intelectual de hoje.

Falar, hoje, de *uma* história e de *um* sujeito da história é, sem dúvida alguma, sumamente suspeito. Exemplo paradigmático das críticas surgidas nas últimas décadas contra todo projeto de uma filosofia da história é a postura do filósofo francês Jean-François Lyotard.[1] A exposição de suas desconfianças perante os "grandes relatos" nos ajudará a apreciar com maior clareza as possibilidades de uma nova filosofia da história como a de Ellacuría.

A crítica de Lyotard parte da análise da situação do saber nas sociedades pré-industriais. Lyotard constata o fim da credibilidade dos grandes relatos, não somente do cristianismo e do marxismo, como também do liberalismo e do iluminismo, que há pouco tempo tinham pretendido, e até certo ponto, também conseguido, unificar a pluralidade das ciências e dos saberes em uma narrativa central que orientava tudo o mais. Contudo, as experiências catastróficas do século XX – Auschwitz, as insurreições operárias em Berlim, em 1953, em Budapest, em 1956, na República Checa, em 1968, e na Polônia, em 1980, a contaminação do meio ambiente, as crises econômicas de 1911 e 1929 etc. – derrubaram a credibilidade desses grandes relatos e desmascararam seu rosto violento e totalitário. Lyotard mostra como todas as grandes narrações tendem a excluir e a oprimir tudo o que não se encaixa em sua lógica. Para garantir sua coerência, devem necessariamente anular o pluralismo dos sistemas de valor, de crenças e de convicções das pessoas e de suas formas de vida. É interessante perceber que a persistente situação de miséria das populações dos países do sul é, segundo Lyotard, "talvez o ponto central do malogro da modernidade" (tradução da versão alemã, Lyotard, 1987, 99-105, 104).

Apesar da crítica fundamental de Lyotard e de outros, os grandes relatos persistem, mesmo que já não sejam defendidos pela filosofia. Na esfera global, o grande relato mais influente e eficaz é, sem

---

[1] Outros críticos importantes do projeto da filosofia da história tradicional são Theodor Adorno e Max Horkheimer, *Dialekt der Aufklärung* (Amsterdam, 1947); Hans Jonas, *Das Prinzip Verantwortung. Versuch einer Ethik im technologischen Zeitalter* (Frankfurt, 1979); Odo Marquard, *Schwierigkeiten mit der Geschichtsphilosophie. Aufsätze* (Frankfurt, 1973) e Karl R. Popper, *Die offene Gesellschaft und ihre Feinde* (Bern, 1957).

nenhuma dúvida, o do neoliberalismo capitalista. É um relato que, não obstante sua credibilidade já não pareça ser tão sólida quanto nas décadas de 1990 e 2000, devido à crise mundial, ainda parece ter força suficiente para configurar a história mundial, desde a China até o Chile. Apesar de sua simplicidade – os mercados livres garantem, por si mesmos, a maior felicidade da humanidade, e quanto mais livre forem os mercados, tanto mais feliz será a humanidade –, é significativo que este relato tenha sobrevivido à crítica dos grandes relatos e tenha conseguido constituir-se no único relato que, na prática, ainda hoje em dia pode contar com um discipulado global.

Ao que parece, a deterioração da filosofia da história deixou um vazio propício para o florescimento deste tipo de pseudoutopias e de universalismos. A maioria das correntes filosóficas atuais é incapaz de enfrentar os desafios de um mundo cada vez mais globalizado – mudança climática, contaminação ambiental, escassez de recursos, empresas multinacionais etc. – e fracassa na hora de propor modelos alternativos para organizar a convivência dos diversos povos. Ou não alcança uma perspectiva universal ou se perde em formalismos abstratos. Por isso, talvez convenha recuperar o horizonte universal da filosofia da história clássica e, assim, oferecer interpretações da história que transcendam a perspectiva quase exclusivamente econômica, predominante na atualidade.

Por conseguinte, é possível desenvolver uma nova filosofia da história sem cair nos perigos que Lyotard nela reprovou? Penso que isto é possível se pelo menos se respeitarem duas condições: a pluralidade de perspectivas e a ubiquação no "lado oculto" da história.

Um ponto central para construir uma filosofia da história que não seja, já de antemão, um projeto totalitário e irracional, é a inclusão da pluralidade de perspectivas. Quase todas as filosofias tradicionais da história foram europeias e, consequentemente, consideraram a história a partir de uma perspectiva exclusivamente europeia. Outras perspectivas, existentes já desde a conquista e da colonização de outros continentes pelas forças europeias,[2] foram excluídas ou ignoradas, muitas vezes com o pretexto de não representarem um pensamento filosófico maduro e universal. Uma nova filosofia da história, com pretensão universal, não pode ser formulada a partir de um só lugar, mas, de modo ideal, deve ser um projeto que se desenvolva em diálogo com todas as culturas e que inclua todas as suas perspectivas.

O segundo ponto que me parece central é que a nova filosofia da história deve colocar-se criticamente no "lado oculto" da história, ou seja, nos contextos mais marginalizados. Estes contextos são os que com mais facilidade são esquecidos ou ignorados, mas que, em sua silenciosa realidade, também indicam o que a história atual exclui e oprime. Este é seu valor hermenêutico. Toda filosofia e toda teologia nasce de um determinado lugar que marca de forma inevitável suas perguntas, seus conteúdos, suas formas de refletir e suas orientações fundamentais. Colocar-se nos contextos marginalizados ajudará a reflexão crítica a libertar-se dos preconceitos e das evidências aparentes de um contexto privilegiado. Servir-lhe-á de ajuda para ver a história a partir de outra perspectiva e a tornará sensível às vítimas que todo sistema político ou econômico produz.

A filosofia da história de Ignacio Ellacuría representa um pensamento filosófico que preenche estas duas condições de maneira extraordinária. Situa-se conscientemente em um contexto que não somente é o europeu, mas que, além disso, é claramente desfavorecido. Caracteriza-se por uma opção fundamental pela libertação dos explorados e marginalizados deste contexto – a sociedade salvadorenha, por exemplo, das décadas de 1960, 1970 e 1980 –, a qual subordina todo o seu trabalho intelectual: "O essencial é dedicar-se filosoficamente à libertação mais integral e adequada possível de nossos

---

[2] Cf., por exemplo, Ibn Khaldun, *The Muqaddimah. An Introduction to History* (Princeton, 1974); Guamán Poma de Ayala, *Nueva crónica y buen gobierno* (Perú, 1969); José Vasconcelos, *La raza cósmica. Misión de la raza Iberoamericana* (Argentina y Brasil, México, 1966); K'ang Yu-Wie, *Ta T'ung Schuh* (Londres, 1958); Jawaharlal Nehru, *Glimpses of World History. Being Further Letters to His Daughter, Written in Prison, and Containing A Rambling Account of History for Young People* (New York, 1942).

povos e de nossas pessoas; a constituição da filosofia virá, então, por acréscimo" (Ellacuría, 1999, 93-121, 118).

Seria interessante explorar com mais detalhe a relevância do lugar hermenêutico de uma filosofia ou teologia da história com relação a seu caráter ideológico. O caráter totalitário e excludente que Lyotard recrimina na filosofia da história não tem muito a ver com o lugar hermenêutico escolhido? Por enquanto, deixarei de lado esta pergunta para analisar as ideias de Ellacuría sobre o sujeito da história.

A pergunta pelo sujeito da história

No prólogo da *Filosofia da realidade histórica*, de Ellacuría, o editor, Antonio González, caracteriza a obra como uma "tentativa de fundamentar o conceito teórico de *práxis histórica* a partir da análise estrutural dos elementos que a integram, desde a matéria até a pessoa, desde o indivíduo até a sociedade" (González, 1990, 10). Nesse mesmo sentido, a *Filosofia da realidade histórica* também pode ser considerada uma tentativa de aprofundar o conceito teórico do sujeito dessa práxis, principalmente levando-se em conta que Ellacuría queria incluir em seu livro um capítulo dedicado a este tema.

Parece evidente que a pergunta pelo sujeito da história, para Ellacuría, implica um estudo detalhado dos elementos que integram a práxis histórica, porque o sujeito desta práxis não pode ser menos complexo do que a própria práxis. Desse modo, pois, a resposta à pergunta pelo caráter do sujeito da práxis histórica exige um estudo de todos os momentos da filosofia da realidade histórica. Só se está preparado para indicar em que medida a práxis deste sujeito é algo natural, social ou histórico, e o que significam estes termos, quando eles são aplicados ao referido sujeito. Demonstrar detalhadamente como a materialidade, a sociabilidade, a personalidade, a historicidade etc., condicionam a realidade do sujeito da práxis histórica supera, no entanto, as possibilidades deste trabalho. Por isso, limitar-me-ei a fazer breves indicações, a partir do texto "O objeto da filosofia", que o próprio Ellacuría considerava uma boa introdução à sua filosofia da realidade histórica (González, 1990, 11).

Nesse texto, Ellacuría expõe o que significa a realidade histórica em cinco teses que procuram mostrar a realidade histórica como uma unidade física, estrutural, dinâmica, diferenciada e ascendente, em processo de permanente realização, a qual se manifesta de forma suprema na práxis histórica. Tentarei esboçar brevemente o que cada um destes aspectos significa para a compreensão do sujeito da práxis histórica de Ellacuría, relacionando-os com o exposto até agora.

A ênfase que Ellacuría confere à unidade da realidade histórica é alheia a um projeto teórico totalitário, que se propõe a anular todas as diferenças e fazer do mundo uma realidade uniforme. À diferença de Lyotard, Ellacuría não pensa que a conceituação do todo leve à anulação das diferenças, mas, antes, as pressupõe. Para ele, a totalidade da realidade não é algo fechado, mas, sim, está aberta tanto ao novo que se dá no processo histórico quanto ao que a transcende como realidade intramundana. Dessa maneira, a verdadeira antítese da acentuação da unidade física da realidade histórica não seria a defesa da pluralidade e da diversidade da realidade, mas a concepção atomista dela mesma. Segundo Ellacuría, esta não só não dá conta da verdadeira realidade das coisas, mas, além disso, tem graves consequências práticas. Somente partindo da unidade da realidade é que a filosofia pode conseguir um enfoque que não considere os elementos da realidade – a natureza, os indivíduos, a sociedade, a cultura, a história etc., – em separado e, consequentemente, de maneira abstrata, mas apresente sua rica interdependência. A tendência de alguns pensadores pós-modernos de fragmentar o mundo a fim de resgatar as diferenças implica o perigo de negligenciar estas interdependências e, assim, perder de vista as coisas em sua última concreção.

O segundo aspecto da realidade radica-se em seu caráter físico. Sem entrar em detalhes, pode-se dizer que Ellacuría, semelhantemente a seu mestre filósofo Zubiri, assume alguns motivos do materialismo histórico, sem, no entanto, cair em um materialismo ingênuo e reducionista. A materialidade das coisas é, para ele, o princípio de sua presencialidade no mundo. Nenhuma realidade pode ter presença sem se materializar de alguma maneira. Por esta razão, Ellacuría afirma que seria um erro muito grave reduzir a realidade da história a uma pura história das ideias ou de um suspeito espírito e desconsiderar a corporeidade concreta do homem. Também a práxis, um elemento que igualmente nos interessa, reduz-se drasticamente, caso não esteja vinculada a uma mudança material da realidade. Ellacuría percebe, com grande perspicácia, que se limitar a mudar a interpretação da realidade facilmente pode converter-se em uma práxis evasiva, que muda as intepretações para não ter de mudar a realidade (2000, 187-218, 208).[3] Além de ser uma realidade física, a realidade histórica é também uma realidade dinâmica. Sua dinamicidade convém a uma realidade histórica por si mesma. Portanto, a pergunta metafísica clássica pela causa do movimento é falsa. O dinamismo fundamental da realidade consiste em um "dar-de-si", no qual surgem formas de realidade estritamente novas. A dinamicidade da realidade é, para Ellacuría, tão transcendental quanto a realidade mesma, pelo que toda concepção estática dela mesma "não é apenas uma fuga da realidade, mas uma reação contra ela, uma verdadeira contrarrealização". Uma práxis libertadora deve levar muito em conta isso. Não é a transformação de uma realidade estática, mas do tecido complexo dos dinamismos reais: "A práxis [...] deverá entender-se a partir dessa conexão essencial não só da realidade, mas de dinamismos reais" (2000, 208).

No fundo, o dinamismo da realidade histórica pode ser entendido como um processo de realização no qual a realidade se realiza a si mesma, dando de si novas formas de realidade que transcendem e

---

[3] "Acreditar que, por mudar as interpretações das coisas, mudam-se as próprias coisas, ou, pelo menos, a consciência profunda da própria instalação no mundo, é um grave erro epistemológico e uma profunda ruptura ética. As mudanças interpretativas de sentido e mesmo as puras análises objetivas de uma realidade de índole social e histórica não são mudanças reais, nem sequer mudanças reais do próprio sentido, mas sim, no mais das vezes, mudanças de suas formulações" (Ellacuría, 2000a, 208).

superam as formas de realidade já existentes. Este processo é constitutivamente aberto, de modo que, segundo Ellacuría, não saberemos definitivamente o que é a realidade até que esta tenha dado tudo o que pode dar de si. Para entender corretamente este processo, é necessário analisar mais detalhadamente como as novas formas de realidade surgem, a partir das que já existem. Já mencionamos que no processo de realização se dá uma estrita novidade, que não dever ser ignorada nem reduzida a uma mera variação que já existe. No entanto, isto não significa que as formas de realidade já existentes sejam anuladas pelas novas. Ao contrário. Uma análise precisa mostra que as novas formas só podem surgir a partir das formas mais baixas, e que estas, por sua vez, estão presentes naquelas. A história, por exemplo, só pode surgir a partir da natureza. Os elementos naturais estão presentes no processo histórico, mesmo que a história não se reduza a eles, mas que os transforme de múltiplas maneiras. A realidade mais elevada, onde o processo de realização alcança seu ápice, é o que Ellacuría chama de realidade histórica. Nela se fazem presentes todos os outros dinamismos da realidade, desde os da natureza até os da sociedade, os quais se orientam e, ao mesmo tempo, são superados pela práxis histórica. Desse modo, a práxis histórica possui, segundo o pensamento de Ellacuría, uma densidade metafísica muito especial. É o lugar da máxima abertura da realidade, o lugar da máxima novidade e o lugar onde o todo da realidade recebe sua máxima concreção. A partir da perspectiva epistemológica, é também "o lugar que dá a verdade" (Flores, 1997).

Tendo em vista o que foi expresso, é evidente que a práxis histórica é uma realidade sumamente complexa, que implica elementos naturais, pessoais, sociais e históricos, e que é, ao mesmo tempo, uma realidade objetiva e subjetiva. No fundo, é o dinamismo de toda a realidade. Por isso, a pergunta sobre se há um sujeito desta práxis e em que sentido se pode falar dele, tampouco é fácil de responder.

Nos apontamentos e esboços de aula de Ellacuría, encontra-se um sobre o "sujeito da história" (2009, 281-326), no qual Ellacuría distingue entre ser sujeito *da* história e ser sujeito *perante* a história. Aí ele critica a tentativa de identificar *um* sujeito da história. Admite que há épocas históricas nas quais certas pessoas ou grupos humanos chegam a ter tanta influência sobre determinado povo, que parece legítimo falar deles, de algum modo, como sujeitos da história de determinado povo ou país. Contudo, acrescenta que, por enquanto, não "há sujeito empírico comprovável, a quem se possa atribuir o caráter de sujeito de todas essas histórias" (324) e, portanto, da História, com letra maiúscula.

Não obstante, esta constatação não significa abandonar, necessariamente, a perspectiva universal. Porque, mesmo que, em seu conjunto, não se possa comprovar um sujeito da história, Ellacuría pensa que é possível ser "sujeito perante a história a partir de uma história concreta" (325). Isto significa que é possível confrontar-se racionalmente com o todo da realidade e tentar "introduzir no processo histórico dinamismos que não são mero reflexo mecânico [...] de estímulos dados" (325). Que, no momento, nenhum sujeito ou grupo pode pretender, para si mesmo, ser sujeito da história, não significa que não seja possível exercer certa influência sobre ela.

Ademais, não nega a possibilidade de que, algum dia, possa surgir algo assim como um sujeito da história com letra maiúscula. Ellacuría adverte que isto não leva, necessariamente, a negar a subjetividade dos indivíduos. Pelo menos é imaginável que, um dia, a humanidade inteira se converta em um sujeito que reja racionalmente o curso de sua própria história. Ellacuría não oferece pistas concretas a esse respeito, mas podemos imaginar que este domínio nacional da história teria de parecer-se com um governo mundial democrático, com poder para frear os abusos e excessos da atual globalização neoliberal e que, dentro de um marco legal, permita aos povos recuperar sua capacidade de autodeterminação, ideia que já aparece em Kant (*Zum ewigen Frieden. Ein philosophischer Entwurf* [Da paz eterna. Um esboço filosófico], 1975).

Sebastian Pittl

O povo crucificado

Após este percurso, bastante fragmentário, por certo, através das ideias sobre a filosofia da realidade histórica de Ellacuría e de seu pensamento a respeito do sujeito da história, passo agora a outro grande tema deste trabalho: o povo crucificado.

Antes de discutir as relações que poderiam existir entre o conceito de sujeito da história, de Ellacuría, e suas reflexões teológicas sobre o povo crucificado, resumirei brevemente como ele entende o povo crucificado. Concentrar-me-ei no artigo "O povo crucificado. Ensaio de soteriologia histórica", o texto mais importante de Ellacuría sobre este tema. Assim, pois, agora entramos no âmbito da teologia de Ellacuría.

O texto começa por constatar que a expressão "povo crucificado" não é, em primeiro lugar, um conceito teórico, mas a "expressão de uma realidade", a saber, "a existência de uma grande parte da humanidade literal e historicamente crucificada por opressões naturais e, principalmente, por opressões históricas e pessoais" (2000b, 137). Claro, descrever grande parte da humanidade como "crucificada" não é uma descrição "neutra", algo possível, segundo a teoria da inteligência de Zubiri e de Ellacuría, mas que nasce da perspectiva cristã de Ellacuría. É a experiência das maiorias populares e dos cristãos comprometidos com a luta pela libertação, que buscam interpretar a realidade de um povo sofrido a partir de sua fé.

Ora, pois, a fé não somente ajuda a interpretar a realidade do povo sofredor, mas também lança nova luz sobre os textos da Escritura, de tal maneira que redescobre neles aspectos obscurecidos durante séculos por uma leitura individualista e exageradamente piedosa. Do mesmo modo que a interpretação da realidade do povo, a partir dos relatos da paixão de Jesus, pode sensibilizar a perceber a presença oculta da realidade salvífica de Jesus neste povo, uma leitura dos relatos da paixão, a partir da realidade do povo, pode ajudar a descobrir sua dimensão social e política, e o escândalo que deve ter suscitado nos contemporâneos dos primeiros cristãos a proclamação de um salvador condenado e crucificado.

Ellacuría explica a íntima conexão do destino dos povos sofredores do "terceiro mundo" com o destino de Jesus de Nazaré, patente na experiência religiosa do povo cristão latino-americano, com os cânticos do Servo de Iahweh de Isaías. Os primeiros cristãos utilizaram estes cânticos para interpretar e entender o que aconteceu com Jesus. Ellacuría destaca, com admiração, como se aplicam também à realidade do povo sofredor. Os traços mais característicos são: (a) o Servo é eleito por Deus para trazer o direito e a justiça às nações. Sua missão tem caráter universal, visto que se estende até as "ilhas"; (b) a missão de trazer a justiça concretiza-se como libertação dos oprimidos e encarcerados. Aponta para realidades históricas, mas não se reduz a uma missão política; (c) a missão do Servo de Iahweh está ligada à construção de uma nova terra e de um novo povo. O povo sairá de seu estado de pobreza, de opressão e de obscuridade para uma nova condição de abundância, de liberdade e de luz; (d) Deus elege no Servo uma figura cuja situação atual difere drasticamente da importância e da grandeza de sua missão. As pessoas admiram-se dele, porque é uma figura destroçada, um homem de dores, que parece ter sido condenado por Deus e que é visto como pecador; (e) o Servo é inocente, carrega pecados que não cometeu e assim justifica a muitos; (f) o Servo aceita seu papel livremente e se sacrifica para salvar os outros; (g); Deus mesmo aceita este sacrifício e, inclusive, faz recair sobre o Servo os crimes dos outros, atribuindo, assim, um valor salvífico a um ato de "absoluta injustiça histórica" (Ellacuría, 200b, 163); (h) o Servo morre mas, finalmente, triunfará. Verá sua descendência, prolongará seus anos, verá a luz e se saciará de conhecimento.

É muito mais fácil ver o paralelismo entre o destino do Servo de Iahweh e a realidade do povo sofredor – no que diz respeito ao sofrimento, ao desprezo por parte dos poderosos e a ter que assumir as consequências dos pecados de outros –, do que aceitar que a este povo totalmente impotente, ao que parece, cabe salvar e libertar toda a humanidade. No entanto, tal como recorda Ellacuría, também a proclamação dos primeiros cristãos de um Messias crucificado foi um escândalo tanto para os judeus quanto para os gregos de sua época. Recuperar este escândalo fundamental da proclamação cristã e interpretá-lo à luz do relato do juízo final de Mateus 25, no qual o Filho do Homem se identifica explicitamente com os famintos, os sedentes, os encarcerados, os desnudados, os enfermos e os forasteiros, coloca a questão de se, em última instância e não obstante as aparências, o povo crucificado, no qual Cristo continua hoje sua obra salvífica, não é, de algum modo, o sujeito através do qual se realiza hoje a história da salvação.

O povo crucificado como sujeito da história?

Portanto, se, ao que parece, pelo menos em determinado sentido, o povo crucificado é o sujeito da história da salvação, cabe perguntar se também pode ser considerado sujeito da história. No fundo, indaga-se a respeito da relação entre a história da salvação e a história profana. Que relação há entre elas? São duas histórias completamente paralelas que, no melhor dos casos, cruzam-se ocasionalmente? Ou existe uma relação intrínseca entre elas, de tal maneira que não podem ser separadas?

A relação entre a história da salvação e a história profana é, para Ellacuría, a pergunta fundamental da teologia da libertação. Em "Historicidade da salvação cristã" (2000a, 535-596), ressalta que a história tem que ser radicalmente considerada como uma só. A verdadeira oposição não se dá entre a história da salvação, por um lado, e a história profana, por outro, mas entre a história do bem, a história da graça, e a história do mal, a história do pecado. A transcendência cristã, portanto, tem de interpretar-se como algo que "transcende 'em' e não como algo que transcende 'de', como algo que fisicamente impulsiona a 'mais', mas não tirando 'de fora'; como algo que lança, mas ao mesmo tempo retém" (2000a, 542). É uma transcendência que precisa historicizar-se, mas sem se reduzir ao puramente histórico.

Esta concepção da historicidade e da transcendência da salvação cristã tem graves consequências para a pergunta em torno da relação da reflexão teológica de Ellacuría sobre o povo crucificado e sua reflexão filosófica sobre o sujeito da história.

Dada a necessária historicidade dos conteúdos do cristianismo, o povo crucificado também precisa tomar corpo de algum modo na história. Já vimos que é fácil encontrar nos povos sofredores alguns indícios do Servo de Iahweh, como o sofrimento, o desprezo etc. No entanto, se a proclamação do povo crucificado, não somente como sofredor, mas também como salvador do mundo, quiser ser mais do que uma afirmação puramente escatológica, seu papel como salvador da humanidade deve historicizar-se de alguma maneira, ou seja, se o povo crucificado quiser ser considerado uma realidade verdadeiramente salvífica, haverá de assumir, de algum modo, a realidade do sujeito histórico da libertação.

Como isso é possível, sem que o povo crucificado perca seu caráter transcendente e sem que caia na armadilha fundamentalista de uma teologização da política? Ellacuría está consciente do duplo perigo, e procura evitá-lo. Por isso, estabelece os critérios que devem satisfazer quem quer que pretenda ser a continuação histórica do Servo de Iahweh, e diferencia o aspecto pelo qual o povo crucificado leva a salvação ao mundo do aspecto pelo qual realiza histórico-politicamente essa salvação. Os critérios são tirados dos Cânticos do Servo:

> Deverá ser crucificado pelos pecados do mundo, deverá ter sido convertido em rebotalho dos homens mundanos, sua aparência não será humana, precisamente porque foi desumanizada, deverá ter alto grau de universalidade, pois se trata de uma figura redentora do mundo inteiro; deverá sofrer essa desumanização total, não por suas culpas, mas por carregar as culpas dos demais; deve ser descartado e desprezado, precisamente como salvador, de tal forma que este "mundo" não o

> aceite como seu salvador, mas, ao contrário, julgue-o como a expressão mais acabada do que se deve evitar e até mesmo condenar; deverá, finalmente, acontecer uma conexão objetiva entre sua paixão e a realização do Reino de Deus (2000b, 167).

Os critérios são, por um lado, demasiado amplos para que se possa identificar de maneira definitiva uma pessoa ou determinado grupo humano com o Servo de Iahweh, "o servo sofredor de Iahweh será [de preferência] todo aquele crucificado injustamente pelos pecados dos homens, porque todos os crucificados formam uma única unidade". Por outro lado, no entanto, são suficientemente concretos, a ponto de se poder afirmar que o assim chamado "terceiro mundo", as classes oprimidas e os que lutam pela justiça estão mais nesta linha do que o "primeiro mundo" e as classes ricas e opressoras (2000b, 542).

Além de estabelecer critérios, Ellacuría adverte que a figura histórica do Servo de Iahweh não deve identificar-se com determinada organização do povo crucificado, cuja finalidade é o poder político. Evidentemente, a salvação que o Servo de Iahweh traz haverá de historicizar-se para ter objetivação histórica, mas é preciso distinguir com muito cuidado entre estas objetivações e aquele aspecto pelo qual o povo crucificado é a continuação histórica de Jesus Cristo. A realidade do povo crucificado, segundo Ellacuría, excede, em última instância, toda concreção histórica que possa dar a si mesmo, permanecendo, portanto, em certa indeterminação. Não pode ser identificado com determinado grupo histórico, nem com uma classe, nem com uma nação, nem tampouco com a Igreja. Nesse sentido, cabe ao povo crucificado uma função eminentemente crítica perante toda a filosofia ou teologia da história que, de antemão, identifique um sujeito real do processo histórico.

À guisa de resumo: a contribuição da filosofia e da teologia da história de Ellacuría

Há alguns anos, na Alemanha, o filósofo e sociólogo Jürgen Habermas duvidou da capacidade da razão prática de "despertar e manter vigilante nos ânimos profundos a consciência de uma solidariedade ferida em todo o mundo, a consciência do que falta, do que clama ao céu" (Habermas, 2009, 64-65). Por isso, a razão prática não pode prescindir do potencial moral preservado pelas tradições religiosas, mesmo que devesse traduzi-las em linguagem secular.

Não vou entrar na questão de se Habermas descreve de forma adequada o papel das tradições religiosas nas sociedades "pós-seculares". De preferência, quero enfatizar, a modo de conclusão, que o conceito de povo crucificado de Ellacuría pode ser considerado um exemplo muito interessante do que as tradições religiosas podem trazer ao mundo globalizado. É um exemplo impressionante de como uma visão religiosa do mundo pode despertar, articular e manter viva a "consciência de uma solidariedade ferida em todo o mundo", de cuja eficácia tanto Habermas teme. Os textos de Ellacuría sobre o povo crucificado representam um esforço eficaz para dar voz aos milhões de pessoas privadas de sua dignidade e da possibilidade de uma vida humana, em todo o mundo, e para incentivar uma práxis que liberte integralmente as referidas pessoas e povos, sem distinção de nacionalidades, etnias, confissões religiosas ou gêneros.

Apesar disso, na hora de indagar pela contribuição das tradições religiosas para uma práxis libertadora, é preciso levar muito em conta que a dimensão política da religião sempre foi muito ambígua. Basta recordar as consequências políticas dos diversos fundamentalismos. As reflexões de Ellacuría evitam esse perigo porque, sem cair no escapismo a-histórico, afirmam a transcendência do povo crucificado, que se abstém de toda identificação definitiva. Ellacuría presta muita atenção às possíveis ideologizações da fé cristã e a distingue cuidadosamente de toda política de poder. Assim, suas reflexões sobre o povo crucificado podem ser de grande valor para determinar o que pode ser uma contribuição cristã para um mundo que, às vezes, parece que já não saber de onde tirar recursos para construir um futuro melhor para todos.

Referências

ELLACURÍA, Ignacio (1991). Función liberadora de la filosofía. In: Id. *Escritos políticos I*, 93-121. San Salvador.
_____ (2000). Hacia una fundamentación del método teológico latinoamericano. In: Id. *Escritos teológicos I*, 187-218. San Salvador.
_____ (2000a). Historicidad de la salvación cristiana. In: Id. *Escritos teológicos I*, 535-596. San Salvador.
_____ (2000b). El pueblo crucificado. Ensayo de soteriología histórica. In: Id. *Escritos teológicos II*, 137-170. San Salvador.
_____ (2009). El sujeto de la historia. In: Id. *Cursos universitarios*, 281-326. San Salvador.
FLORES GARCÍA, Víctor (1997). *El lugar que da verdad. La filosofía de la realidad histórica de Ignacio Ellacuría*. México.
FUKUYAMA, Francis (1992). *The End of History and the Last Man*. New York.
GONZÁLEZ, Antonio (1990). Prólogo. In: ELLACURÍA, Ignacio. *Filosofía de la realidad histórica*. San Salvador.
HABERMAS, Jürgen (2009). *Carta al Papa. Consideraciones sobre la fe*. Barcelona.
LYOTARD, Jean-François. (1979). *La condition postmoderne: rapport sur le savoir*. Paris.
_____ (1987). Notizen über die Bedeutung von post. In: Id. *Postmoderne für Kinder. Briefe aus den Jahren 1982-1985*. Wien.
MARX, Karl. Einleitung zur Kritik der hegelschen Rechtsphilosophie. In: RUGE, Arnold. *Deutsch Französische Jahrbücher*, 1844, 378-379. MEW, I.

Rumo a uma evangelização nova e histórica

Michael E. Lee

O que significa proclamar o Evangelho cristão da salvação com fidelidade à tradição e com vivacidade para seus ouvintes hoje? Tal como tomou forma durante os papados de João Paulo II e Bento XVI, muita atenção foi dada à assim chamada "nova evangelização".[1] Contudo, contrariamente à sua retórica, a nova evangelização dificilmente era nova. Interessada principalmente em promover o modo pelo qual a mensagem da Igreja é veiculada através da tecnologia e dos novos meios de comunicação, a nova evangelização concentrava-se no sentido de "comunicar" as boas-novas da salvação, mas não apresentou nenhuma nova compreensão da salvação como tal.[2]

---

[1] A noção foi explicitada pela primeira vez por João Paulo II em um discurso aos bispos latino-americanos. Cf. John Paul II, The Task of the Latin American Bishop, *Origins* 12 (March 24, 1983): 659-62.

[2] Fr. Robert Barron, cujo ministério "Palavra inflamada" é uma verdadeira indústria caseira de programas de nova evangelização, fala do "apelo de João Paulo II para um 'novo ardor, nova expressão e método' da evangelização". Cf. Gretchen R. Crowe, Film is "how-to" for Catholics to Share Faith. In: OurSundayVisitor, 8/18/2013. Disponível em: <http://www.osv.

Ao contrário, perante o que foi diagnosticado como os principais desafios para a Igreja – os decrescentes números de fiéis e as sentidas ameaças oriundas da cultura secular –, a nova evangelização combinava conservadorismo doutrinal com uma retórica antissecular quase sectária.

Este ensaio, escrito em comemoração ao 25º aniversário do assassinato de Ignacio Ellacuría, aproveita a oportunidade para reconsiderar a noção de uma "nova evangelização". Assim o faz, porque, na teologia de Ellacuría, há um compromisso criativo com a noção de salvação à luz do mais constringente sinais dos tempos: a contínua miséria de pobreza e de opressão sofridas pela maioria dos seres humanos do planeta.

Este ensaio inspecionará os pontos essenciais da soteriologia de Ellacuría, a fim de identificar componentes-chave de qualquer programa para a evangelização hoje. No decurso de seus escritos, a orientação soteriológica de Ellacuría assumiu duas formas distintas: aqueles ensaios explicitamente focalizados em elaborar a noção de salvação e aqueles nos quais outros tópicos teológicos, tais como a cristologia e a eclesiologia, são reinterpretados à luz de sua soteriologia.[3] Os subtítulos anexados a alguns destes ensaios posteriores indicam esta conexão: "O povo crucificado" e "Utopia e profecia na América Latina" são descritos como ensaios sobre a "soteriológica histórica".[4] Desse modo, estes ensaios não apenas indicam a influência da soteriologia, mas revelam a natureza desta influência – que a soteriologia é *histórica*.[5]

---

com/tabid/7621/itemid/11241/Film-is-howto-for-Catholics-to-share-Faith.aspx>. Acesso em: 10 jul. 2013.]

[3] Exemplos da primeira forma incluem: The Historicity of Christian Salvation e Salvation History. Cf. *Ignacio Ellacuría: Essays on History, Liberation, and Salvation* (ed.) Michael E. Lee (Maryknoll: Orbis Books, 2013) [Henceforth, HLS], 137-94.

[4] Cf. The Crucified People e Utopia and Prophecy in Latin America. In: Ignacio Ellacuría e Jon Sobrino (eds.), *Mysterium Liberationis* (Maryknoll: Orbis Books, 1993), 289-328.

[5] Adicionalmente, o ensaio eclesiológico mais significativo de Ellacuría utiliza a linguagem da história. Cf. Church of the Poor, Historical Sacrament of Liberation, HLS, 227-54.

O restante deste ensaio explanará a soteriologia histórica de Ellacuría analisando como ele trata as noções interconectadas de: a natureza e o conteúdo da salvação, o papel de Jesus Cristo e a missão da Igreja – e como a espiritualidade e a práxis jorram para e a partir dessas ideias. Mediante este procedimento, duas contribuições centrais de Ellacuría serão postas em relevo: 1) a importância de uma soteriologia verdadeiramente histórica, e 2) o indispensável papel dos pobres e dos oprimidos em qualquer proclamação da boa-nova hoje.

Salvação na história

Embora Ellacuría se referisse explicitamente à salvação ao longo de seus escritos teológicos, ele era reticente em oferecer uma definição simples. Positivamente, com frequência defendeu a íntima conexão entre a libertação humana e a salvação, às vezes usando a linguagem da divinização ou *theosis*.[6] No entanto, e talvez muito mais importante, o interesse central de Ellacuría era negativo – noções deficientes ou equivocadas da salvação correspondem a formas de vida cristã deficientes e equivocadas. Portanto, para compreender o que Ellacuría queria dar a entender por salvação, deve-se começar com de que maneira ele diagnosticou visões problemáticas da salvação.

Para Ellacuría, posto que seja expressa de diversas maneiras, a deficiência básica no pensamento cristão a respeito da salvação é o "preconceito de que a salvação é a-histórica".[7] Envolve a tendência a "espiritualizar" a salvação de modo tal a tornar a vida humana histórica e, sem dúvida, até mesmo toda a história, subordinada à salvação, quando não completamente irrelevante. Nessa visão, a boa-nova da salvação é um destino pós- ou meta-histórico, e a história humana

---

[6] Cf., por exemplo, Iglesia y realidad histórica, *Estudios Centroamericanas* 331 (1976): 213-20. "Theosis", ou o termo de Zubiri "dei-formação", é mais frequente nas primeiras obras de Ellacuría. Está fora do propósito deste ensaio examinar seu relacionamento com a linguagem da história da salvação, dominante na obra posterior de Ellacuría.

[7] Salvation History and Salvation in History. In: *Freedom Made Flesh* [FMF] (Maryknoll: Orbis Books, 1976), 11.

é essencialmente acidental para ela. A vida humana oferece, no máximo, o material para uma condenação jurídica que é suprimida por uma ação divina, que é, ela própria, a-histórica.

Para compreender adequadamente este diagnóstico, deve-se reconhecer a soteriologia de Ellacuría como uma trajetória contínua daquelas intuições seminais da geração anterior da teologia católico-romana. Figuras como Henri De Lubac e Karl Rahner (o próprio professor de Ellacuría) romperam com a visão extrínseca da graça apresentada na neoescolástica, ou "manual", tratados em teologia que tinham sido a base da teologia católica durante o século anterior.[8] Para Ellacuría, uma noção de salvação "além-túmulo" apoia e é apoiada por esta visão extrínseca da graça que, enquanto, talvez, colocando uma ênfase adequada na primazia da iniciativa e na ação de Deus, esvazia toda a importância do agir humano histórico e distorce uma compreensão apropriada da transcendência.

A fim de opor-se ao dualismo neoescolástico de natural-sobrenatural, Ellacuría voltou-se para a noção de "história da salvação" como um caminho mais rico e mais bíblico para expressar o que os teólogos haviam chamado de "sobrenatural". A linguagem da "história da salvação" tornou-se difusa na pesquisa bíblica naquela época.[9] Contudo, Ellacuría ligou a linguagem da história da salvação à ideia de "salvação na história", que ele acreditava ultrapassar "o natural" em termos de descrever a real situação dos seres humanos. Ele não formulou estes dois conceitos paralelamente, por receio de que se pressupusesse a separação dualista dos termos. Ao contrário, Ellacuría alega que "a história da salvação é uma salvação na história".[10] Embora, à primeira vista, esta reivindicação pareça reduzir a salvação, quando vista dentro dos contornos da filosofia da

---

[8] Para uma descrição minuciosa destes assuntos, cf. Stephen J. Duffy, *The Graced Horizon: Nature and Grace in Modern Catholic Thought* (Collegeville, MN: Liturgical Press, 1992).

[9] Cf., por exemplo, Oscar Cullmann, *Salvation in History*, citado frequentemente por Ellacuría. Para outro teólogo católico influenciado por esta abordagem bíblica, e uma pouco citada influência de Ellacuría, cf. a obra do jesuíta Joseph Moignt.

[10] Salvation History... In: FMF.

Rumo a uma evangelização nova e histórica

realidade histórica de Ellacuría, ela indica como ele vence a visão extrínseca mais antiga e dualista da salvação, preservando, ao mesmo tempo, uma percepção da transcendência divina.

Em seu ensaio "História da salvação", Ellacuría faz a notável equivalência de que "caso se devesse usar a linguagem clássica, poder-se-ia dizer que 'o natural' é a natureza material, e o 'sobrenatural' é a história".[11] Como ele pôde fazer esta ousada afirmação? Como pode a história, o evidente domínio do finito, do temporal, da humanidade, ser pensada em um caminho cognato para o sobrenatural ou para o divino? A resposta jaz na compreensão dinâmica que Ellacuría tem da realidade histórica. Ele fala da história como a realização de possibilidades e como o exercício da liberdade, de tal modo que aquela abertura e dinamismo rumo à plenitude criativa caracterizam toda a realidade.[12] Isso permite a Ellacuría substituir a lógica que opõe a natureza à supernatureza, o homem ao divino, e concebe a história como a presença da vida Triuna de Deus.

Para Ellacuría, a realidade histórica não é simplesmente a fase temporal na qual os seres humanos têm suas saídas e suas entradas, mas uma estrutura dinâmica que inclui a vida desde suas raízes materiais e biológicas até a práxis humana.[13] Com efeito, a realidade não é simplesmente a coleção de coisas ao nosso redor. Indubitavelmente, a realidade é material, espacial, biológica e temporal, e não se pode falar da realidade sem estas características. Contudo, ela também envolve um dinamismo, uma progressão, por assim dizer, da matéria para a vida e, em última instância, para a vida humana. Os seres humanos, em sua inteligência senciente, respondem a possibilidades e, ao fazerem isso, abrem e fecham um espectro de possibilidades adicionais. Na essência, eles criam mais realidade. O modo pelo qual

---

[11] Salvation History. In: ET I, 627.
[12] Em seu importante estudo, Héctor Samour descreve seu pensamento como um "realismo materialista aberto". *Voluntad de liberación* (San Salvador: UCA Editores, 2002).
[13] Para sua afirmação definitiva desta filosofia, cf. Ignacio Ellacuría, *Filosofía de la realidad histórica* (San Salvador: UCA Editores, 1990).

os seres humanos transmitem, ou entregam, este abrir e fechar de possibilidade constitui a história.[14]

Esse impulso da história, como a atualização de possibilidades e o "tradicionar" das atualizações, possui uma profunda exigência em relação aos seres humanos. À medida que a realidade se desdobra, os seres humanos são responsáveis por este desdobramento da realidade. De modo particular, eles devem procurar criar as condições que tornam possível a plena realização de todos os outros seres humanos. Com efeito, dada a natureza profundamente inter-relacionada de toda a realidade, pode-se perceber que uma visão do "sucesso" histórico individual, à custa do "fracasso" de outros seres humanos, realmente indica uma tragédia estrutural. A libertação de todos os seres humanos, pois, é o impulso da realidade histórica e fornece-nos pistas a respeito do que Ellacuría está querendo dizer quando se refere à salvação na história.

Em seu dinamismo, a realidade inclui o que Ellacuría denomina respectividade – a maneira pela qual as coisas, enquanto reais, estão todas inter-relacionadas, mas não em uma conexão consequente ("coisas" independentes que são subsequente ou extrinsecamente relacionadas). Não. Ellacuría está falando de uma relação constitutiva, ao que Zubiri chama de "poder do real", que domina formalmente as coisas reais. Ele vê nesta conexão a maneira de falar acerca da relação divino-humana de uma forma marcada pela unidade, não por dualismo extrínseco. Em vez de uma visão da criação como Deus (uma coisa) criando outra coisa, fala da plasmação (*plasmación*) *ad extra* da vida trinitária.[15] Esta é a dimensão "teologal" da realidade que indica a profunda presença de Deus.

---

[14] Ellacuría descreve a história como uma "transmisión tradente" (o que David Gandolfo traduz como "transmissão que tradiciona"). Cf. Filosofía, 492-514. Para a utilíssima explicação destas questões, cf. "Human essence, history and liberation: Karl Marx and Ignacio Ellacuría on being human" (tese doutoral, Loyola University of Chicago, 2003).

[15] Cf. The Historicity of Christian Salvation, HLS, 151.

Destarte, a história da salvação, a vontade divina da plenitude do florescimento humano, é uma salvação na história porque o dinamismo da história tende ao florescimento pleno, livre e libertador de todos os seres humanos. Não significa uma redução da salvação ao "meramente" físico ou histórico. Ao contrário, é uma afirmação da natureza profundamente trans-histórica da salvação, isto é, que a salvação, como destino definitivo dos seres humanos, deve acontecer ao longo da história, não fora dela ou apesar dela. A chave é passar de uma noção extrínseca da transcendência para outra de profundidade e plenitude. Conforme Ellacuría assevera,

> Há um modo radicalmente diferente de compreender a transcendência... que consiste em ver a transcendência como algo que transcende *em* e não como algo que transcende *longe de*; como algo que fisicamente impulsiona para *mais*, sem, no entanto, *subtrair*; algo que empurra para a frente, mas, ao mesmo tempo, retém... Deus é transcendente, entre outras razões, não por estar ausente, mas por estar livremente presente.[16]

Esta visão da transcendência exige que, embora a libertação humana não possa representar a plenitude da salvação cristã, não se pode falar de salvação sem a libertação humana. Sem dúvida, quanto maior for a expressão da vida humana e da liberdade, tanto maior será a realização da vontade de Deus da vida triuna. Se há uma divisão a ser encontrada, não é entre o sobrenatural e o natural; antes, é a divisão entre graça e pecado, entre aquilo que torna possível e manifesta a vida divina, ou aquilo que a ela se opõe e mata.

Se o pensamento de Ellacuría for uma redução, é-o apenas no sentido da *reductio* medieval – ou seja, um retroceder a um princípio essencial. Se a história da salvação é uma salvação na história, então onde fica esse lugar que revela tanto a necessidade da salvação quanto sua irrupção? Aqui vemos a importância dos pobres e oprimidos. Filosoficamente, os pobres indicam o lugar onde a abertura

---

[16] Historicity, HLS, 142.

143

das possibilidades da realidade pode ser gerada.[17] Teologicamente, as lutas dos pobres e dos oprimidos são o lugar que torna o mais óbvio possível a presença do pecado e a necessidade da graça no mundo. Desse modo, se a soteriologia cristã não for histórica, ou ela proclama uma salvação "docetista", que só parece tocar a vida humana real, ou cai presa de idolatrias que mascaram a presença real do pecado, proclamando uma notícia que, em vez de boa, é ideológica. Se este perigo é verdadeiro para o conceito de salvação, ele se mostra igualmente quando se consideram a pessoa e o papel de Jesus na economia da salvação.

Levando adiante a missão de Cristo

Dado que as doutrinas cristológicas tradicionais envolvem noções como encarnação e a vida-morte-ressurreição de Jesus como centrais à salvação, a cristologia parece possuir, intrinsecamente, um forte componente histórico. Contudo, Ellacuría reconhecia como a lógica a-histórica salta para os sentidos metafísicos e teológicos destes tropos para "naturalizá-los". A vida e o ministério de Jesus tornam-se secundários (quando não completamente eliminados) para definições dogmáticas, de modo que o testemunho escriturístico da vida, morte e ressurreição de Jesus serve simplesmente como texto de apoio para doutrinas, em vez de um caminho principal para que os cristãos compreendam como viver de maneira cristã.[18]

Ellacuría não argumenta necessariamente contra o processo pelo qual o proclamador tornou-se o proclamado na teologia cristã. Contudo, ele realmente sustenta que a passagem do foco no ministério e na pregação de Jesus para sua pessoa não pode representar uma ruptura. Esse ministério e essa pregação, juntamente com a compreensão bíblica deles, é que fornecem as normas pelas quais a pessoa de

---

[17] Conforme o expressa Gandolfo, "As lutas dos oprimidos representam a frente principal do ulterior desenvolvimento da realidade". David Gandolfo, "Ignacio Ellacuría" Internet Encyclopedia of Philosophy.

[18] Salvation History, HLS.

Jesus deve ser compreendida e como a proclamação de sua boa-nova deve ser levada adiante.

Ellacuría destila este problema de uma cristologia a-histórica ao distinguir entre duas questões e sua importância. As questões "Por que Jesus morreu?" e "Por que Jesus foi assassinado?" indicam duas abordagens muito diferentes do retrato bíblico da paixão de Jesus.[19] Embora Ellacuría reconheça a primeira questão como importante, pois ela tem claramente um impulso soteriológico, a segunda questão é que deve receber prioridade na análise. Somente quando se responde à questão a respeito de por que Jesus foi assassinado, quando se entra no drama do ministério de Jesus retratado nos evangelhos e se levam em conta todos os relacionamentos sociais e políticos ali, pode-se começar a responder à primeira questão acerca do sentido de sua morte. Isto é o que ele quer dizer com "historicizar" a memória de Jesus Cristo.

Relembre-se de que, para Ellacuría, histórico não denota meramente "no tempo". Historicizar a memória de Jesus não significa restringir a reflexão a respeito de Jesus ao "Jesus histórico" dos estudos bíblicos, ou reduzir a importância de Jesus Cristo à de um bom exemplo a ser imitado. A soteriologia histórica de Ellacuría insiste em que o que é salvífico a respeito de Jesus Cristo não pode ser separado do que é histórico; deve ser visto como uma transcendência "em" para a plenitude da história. Isto implica importantes consequências para a teologia e vida cristãs.

Em um nível, não se podem considerar temas tais como a morte redentora de Jesus ou o relacionamento entre a pessoa de Jesus e o Reino de Deus separadamente do testemunho de seu ministério histórico. Mais significativo, porém, historicizar estes temas significa investigar epistemologicamente a respeito de como estes conceitos são empregados ideologicamente e, em termos de práxis cristã, como são concretizados pelos crentes e pelo corpo eclesial mais amplo em

---

[19] Cf. ¿Por qué muere Jesús y por qué le matan? ET II, 67-88.

ação.[20] A reflexão sobre a morte de Jesus, particularmente como "necessária", oferece um bom exemplo do dinamismo histórico da cristologia de Ellacuría.

Em seu magistral ensaio "Os povos crucificados", Ellacuría identifica o problema de tornar "natural" a necessidade da morte de Jesus. É uma visão da redenção que, uma vez que compreende a morte de Jesus em uma abstrata economia de transação, elimina o ministério de Jesus. Em resumo, Jesus veio para morrer. Para Ellacuría, tornar a morte de Jesus necessária dessa maneira, "ensejaria a eliminação da reponsabilidade daqueles que matam profetas e daqueles que crucificam a humanidade, velando, com isso, o aspecto do pecado no mal histórico".[21]

Diferentemente, Ellacuría fala da "necessidade histórica" da morte de Jesus – uma necessidade que não provém da lógica abstrata ou de fórmulas jurídicas, mas da realidade do domínio do pecado sobre os negócios humanos. A pregação de Jesus do Reino de Deus e as ações que manifestam esse Reino opuseram-se à dominação do pecado. Historicamente, a resistência a esse domínio significa a morte, mas a boa-nova é que esta morte não é o final da história. A morte historicizada de Jesus está ligada a uma ressurreição historicizada que significa a validação divina de toda a sua vida – uma vida que, assim, oferece uma norma para o discípulo cristão. Conforme relata, "a morte de Jesus não é o fim do sentido de sua vida, mas o fim daquele padrão que deve ser repetido e seguido em novas vidas com a esperança da ressurreição e, consequentemente, o selo da exaltação".[22]

No final, uma compreensão histórica do papel de Jesus serve para superar uma falsa dicotomização da doutrina de Calcedônia. A plena divindade e a plena humanidade de Jesus não estão em proporção inversa. A plenitude da humanidade de Jesus não diminui a divindade

---

[20] A respeito deste duplo impulso de historicização, cf. Kevin F. Burke, *The Ground Beneath the Cross* (Washington D.C.: Georgetown U. Press, 2000), 123-24.

[21] Crucified People, HLS, 204.

[22] Crucified People, HLS, 207.

de Jesus – ela a realiza e sublinha a profunda revelação divina encontrada na pessoa de Jesus. Nos evangelhos sinóticos, a boa-nova que Jesus pregava concentra-se no Reino de Deus.[23] A pregação e a manifestação do Reino no ministério de Jesus são descritas como *a favor* daqueles que eram pobres e marginalizados e *contra* aqueles cujo exercício do poder violava a justiça (*sedeq*) de Deus, oriunda da aliança. Mesmo na escatologia realizada da própria pessoa de Jesus, no evangelho de João, o foco recai sobre as palavras e sobre os atos libertadores de Jesus. O "EU SOU" do evangelho de João é aquele que lava os pés de seus discípulos, perdoa a mulher surpreendida em adultério e enfrenta os que se opõem à vontade de Deus. Um foco histórico em Jesus não diminui sua divindade, mas exige que o crente preste atenção à vontade salvífica de Deus para a humanidade. Conforme deixa claro Ellacuría, "a soteriologia histórica é uma questão de buscar onde e como a ação salvífica de Jesus foi levada a cabo, a fim de dar continuidade a ela na história".[24]

Reiteradamente, Ellacuría sublinha que os cristãos são chamados não simplesmente a seguir Jesus, mas a dar continuidade (prosseguir) à missão de Jesus. Como podem eles discernir isso? Embora cada pessoa deva discernir como começar a historicizar o exemplo de Jesus nas circunstâncias de sua própria vida, o sentido pleno da realidade histórica e sua unidade prescrevem que tal discernimento deve levar em conta as realidades sociais, institucionais e estruturais do planeta. Como estas são conhecidas? Talvez na frase mais famosa no léxico teológico de Ellacuría, ele define os "povos crucificados" como

> aquele corpo coletivo que, sendo a maioria da humanidade, deve sua situação de crucifixão a uma ordem social organizada e mantida por uma minoria que exerce seu domínio através de uma série de fatores

---

[23] Eu prefiro "Reino" a "Reinado" como tradução do grego *basileou*. Cf. o uso criativo de "rei-nado", como tradução alternativa por Ada María Isasi-Díaz.
[24] Crucified People. HLS, 207.

que, tomados juntos e devido ao impacto concreto deles dentro da história, devem ser considerados como pecado.[25]

Para os não iniciados, poderia parecer como se a obra salvífica de Jesus devesse ser usurpada; que, de algum modo, os "povos crucificados" substituem Jesus Cristo como a fonte definitiva da salvação. Esta objeção não consegue compreender a conexão histórica que Ellacuría estabelece entre Jesus, o crucificado, e os "crucificados" hoje. Se a história é, em parte, uma transmissão da tradição, a transmissão dinâmica do abrir e do fechar das possibilidades das gerações anteriores, então as dimensões histórica e teológica do ministério, da morte e da ressurreição salvíficos de Jesus persistem hoje. As possibilidades redentoras de carregar o peso do pecado, identificadas nos cânticos do "Servo Sofredor" isaianos da Bíblia Hebraica, aquelas possibilidades que os cristãos primitivos viram plenificadas na pessoa de Jesus continuam hoje. (Sem dúvida, aquelas envolvidas com o desenvolvimento do diálogo inter-religioso nas décadas recentes). De maneira constante, Ellacuría afirma o papel definitivo de Jesus Cristo na economia da salvação. Contudo, os povos crucificados, aqueles pobres e oprimidos que carregam o peso do pecado do mundo hoje, representam o maior desafio para os cristãos levarem adiante a missão de Jesus de tornar presente o Reino de Deus ao tirar o pecado do mundo.

Para sermos claros, os povos crucificados não suportam um sofrimento expiatório que, de algum modo, redime os que os contemplam, ou pior, não mitigam a culpa daqueles que lhes oferecem caridade.[26] Eles são um sinal histórico de esperança ou de condenação, da dominação do pecado e da esperança pela vida divina. São a presença histórica, quenótica de Cristo, e no mergulho altruísta na realidade deles, na proclamação da boa-nova para eles, e na tarefa, como Jon Sobrino o expressa, de descê-los de suas cruzes é que a Igreja pode levar adiante a missão salvífica de Jesus.

---

[25] Crucified People, HLS, 208.
[26] Para tratar da questão que diz respeito ao sofrimento voluntário e involuntário, Jon Sobrino distinguiu entre o povo crucificado e aqueles a quem ele chama os "mártires jesuânicos".

A Igreja como sacramento da salvação

Visões a-históricas da salvação e de Cristo significam inevitavelmente uma visão a-histórica da Igreja, uma visão que evita a história ao permanecer imutável, ou foge da história através de preocupações exclusivamente "espirituais". Ellacuría mudou a posição que defende que a Igreja "foi, é e sempre deveria ser a mesma em todos os tempos, idêntica em todos os lugares".[27] No contexto de Ellacuría de El Salvador, este argumento foi usado pelos que estavam inquietos a respeito das mudanças instituídas pelo Vaticano II e pelas transformações pastorais e eclesiais depois de Medellín.[28] Contudo, o ponto de vista persiste por causa de suas pressuposições subjacentes. Se a natureza é compreendida como substância, então mutações ou mudanças só podem ser acidentais. Além de exibir ingenuidade acerca do verdadeiro desenvolvimento histórico da Igreja, a afirmação de que a Igreja jamais deve mudar implica a negação do caráter propriamente histórico da Igreja e de sua missão salvífica.

A atenção à história revela que, em aparente ironia, a Igreja muda na história precisamente para permanecer fiel à sua missão e propósito. Ellacuría cita a frase concisa de Zubiri: "La Iglesia deberá permanecer siempre la misma, pero nunca lo mismo" (A Igreja deverá permanecer sempre a mesma, nunca, porém, no mesmo"), para indicar como se pode reconhecer um senso de continuidade na natureza e na missão da Igreja ao longo do tempo, sem declará-la fora da história.[29] A boa-nova do Evangelho, tal como proclamada e vivida em diferentes contextos e períodos, só pode ser boa se responder verdadeiramente às necessidades particulares daqueles diversos contextos e períodos.

---

[27] Liberación: misión y carisma de la iglesia latinoamericana. ET II, 556.

[28] O Arcebispo Oscar Romero cuida dessas preocupações, criticando os culpados de um "tradicionalismo que não progride", que veem a tradição da Igreja como "um museu de lembranças a serem protegidas". *La voz de los sin voz* (San Salvador: UCA Editores, 1986), 75.

[29] Liberación: misión y carisma de la Iglesia latinoamericana. ET II, 557.

Além da distorcida noção de mudança, Ellacuría critica ambos os extremos de um espectro que diz respeito ao relacionamento entre a Igreja e o mundo. Em um extremo, jaz aquela visão da Igreja como fora do mundo, recusando-se a ocupar-se com coisas "temporais".[30] Como um antídoto a essa visão, Ellacuría volta-se para uma imagem da Igreja a partir do Vaticano II. Embora se pudesse esperar que tal imagem fosse a do "Povo de Deus", a imagem mais frequente que ele emprega é a de "sacramento da salvação", tirada da *Lumen gentium* (n. 48), do Vaticano II. A sacramentalidade ou significação, porque Ellacuría frequentemente usava "sinal" e "sacramento" de modo permutável, oferece-lhe um modo de falar a respeito da mediação ativa do divino e do humano na história, sem recorrer a dualismos.[31] Ele reflete: "Se a Igreja, pois, fosse capaz de constituir-se historicamente como sinal histórico da presença do Reino de Deus entre os seres humanos em sua marcha histórica no tempo (*prosseguir*), sua dualidade evidente seria eliminada: seu aspecto teologal e seu aspecto histórico, sem serem identificados, seriam unificados".[32]

Uma compreensão histórica da Igreja nem minimiza a dignidade de seu chamado nem reduz certo senso de presença divina na Igreja. Contudo, ela ressoa essas notas como um sério apelo e não como um emblema triunfal de honra. A Igreja não aceita simplesmente um título de honra como "sacramento da salvação" como uma realidade ontológica que ela exibe com orgulho, ou pior, usa como uma arma de exclusão. A sacramentalidade da Igreja está ligada ao desafio de ser a presença libertadora de Deus no mundo. Ellacuría deixa claro: "A Igreja concretiza sua sacramentalidade histórica e salvífica ao anunciar e concretizar o Reino de Deus na história. Sua *práxis*

---

[30] Esta tendência é verdadeira tanto para as imagens dominantes da Igreja pré-Vaticano II, que se focaliza nela como pertencente a uma ordem diferente – a eclesiologia pós-tridentina da *socieatas perfecta* –, quanto para a *Mystici corporis Christi*, de Pio II.

[31] Robert Lassalle-Klein mui utilmente demonstra a conexão entre a teologia do sinal de Ellacuría e a noção do povo crucificado em: Jesus of Galilee and the Crucified People: The Contextual Christology of Jon Sobrino and Ignacio Ellacuría. *Theological Studies*, 347-76.

[32] Iglesia y realidad histórica. ET II, 505.

fundamental consiste na concretização do Reino de Deus na história, em uma ação que leva o Reino de Deus a tornar-se real na história".[33]

É um princípio teológico: tal como Jesus manifestou a presença do Pai, assim a Igreja o faz em relação a Jesus à medida que ela leva adiante a missão dele.[34]

Posto que Ellacuría critique uma visão abstrata ou "espiritualizada" da Igreja, ele também identifica um extremo oposto que reduz a atividade da Igreja somente à esfera política. A missão da Igreja não é simplesmente libertação secular, porque ela é uma contribuição de luz, da "vida de Deus" a tornar-se carne entre as pessoas. Nenhum partido, movimento ou agenda políticos podem presumir-se ser a presença definitiva do Reino. Lutar contra a injustiça é uma parte essencial de uma dupla tarefa de libertação do pecado (negativa) e da divinização da humanidade (positiva).[35] Esta dupla tarefa corresponde à dupla missão teologal de tirar o pecado do mundo e de encarnar a vida de Deus. A Igreja pode cumprir esta missão somente se for uma Igreja dos pobres.

A expressão "Igreja dos pobres" não é uma designação sociológica de exclusão tal que somente os pobres compõem a Igreja. Tampouco é uma tarefa descritiva de um trabalho exclusivamente material, ficando a Igreja reduzida a uma agência de serviço social ou a uma ONG. Tais equívocos provêm do próprio pensar dualista a que Ellacuría se opunha. O que ele quer indicar com Igreja dos pobres é aquela Igreja que denuncia profeticamente o pecado do mundo enquanto tem em mente, proclama e torna presente a boa-nova da salvação, aquela visão utópica do Reino de Deus. Tal missão exige uma encarnação, um mergulho na realidade histórica que, conforme temos visto, é revelada pela realidade dos pobres e oprimidos.

---

[33] La Iglesia de los pobres, sacramento histórico de la liberación. ET II, 461.
[34] É o princípio que permite a Ellacuría alegar que "Jesus foi o corpo histórico de Deus, a plena realização de Deus na humanidade, e a Igreja deve ser o corpo histórico de Cristo, tal como Jesus foi de Deus". Church of the Poor. HLS, 231
[35] Veja-se, por exemplo, Iglesia y realidad histórica. ET II, 501-515.

Em certo sentido, o contato com os pobres pode fornecer um jeito de "medir" o processo de concretização do Reino na história. Naturalmente, Ellacuría é bastante relutante em identificar o Reino com um projeto humano qualquer. Concretizações são parciais e estão submetidas a reversões (a história é a abertura *e o fechamento* de possibilidades); contudo, ele afirma que o "repúdio prático da injustiça" e as "posturas que os poderes opressores assumem com relação a ela" são sinais indicadores da concretização do Reino.[36]

Conclusão

Este ensaio sobre a soteriologia histórica, escrito 25 anos depois do assassinato de Ellacuría, provém de uma realidade que precisa desesperadamente ouvir boas-novas. A pobreza global, a devastação ambiental, as guerras violentas e as enormes migrações forçadas são sinais de nossos tempos. No despertar de uma crise financeira que poderia ter arrojado os poderosos de seus tronos, somente os poderosos parecem ter-se recuperado, ao passo que os pobres permanecem na escuridão e na sombra da morte. Mesmo na mais poderosa nação da terra, o abismo entre ricos e pobres se alarga, a discriminação racial continua sua insidiosa marcha e a escravidão de uma mentalidade consumista-militarizada toma conta da população.

Neste contexto, alguns invocam a necessidade de uma nova evangelização. Nesta mentalidade, tem-se identificado uma cultura externa de "morte" em contraste com uma Igreja da "vida", que deve combatê-la aliando-se a partidos e grupos políticos que partilhem sua visão de cultura. Nem sequer o escândalo de abusos sexuais sacerdotais e o acobertamento episcopal abatem o excesso de confiança daqueles que têm em mente uma Igreja como a defensora triunfante da fé em um mundo mau, secular.

Isto não é boa-nova. A exigência de nossos tempos requer mais.

---

[36] Theology as Ideological Moment of Ecclesial Praxis. HLS, 269.

Este ensaio explorou a teologia de Ignacio Ellacuría como uma fonte fecunda para pensar a respeito de como a Igreja poderia realmente convocar uma evangelização verdadeiramente nova, uma nova proclamação e manifestação daquele Reino de Deus pregado por Jesus e revelado em seu ministério e em sua pessoa. É uma evangelização que deve ser "nova", sendo igualmente "boa", e Ellacuría oferece três ideias-chave de como historicizar a proclamação da boa-nova.

A consciência do pecado. A consciência do pecado e do inferno para o crente contemporâneo não precisa – e, sem dúvida, não deveria precisar – vir do *Inferno* de Dante ou das fugas do inferno de Hieronymous Bosch. O pregador não precisa – e não deveria precisar – imitar a invocação do fogo do inferno de Jonathan Edward, nem o inesquecível sermão no *Retrato do artista quando jovem*, de Joyce ("O inferno é uma prisão estreita, e escura, e fétida…"). Por mais que estes exemplos sejam histórica e artisticamente importantes, eles distraem a atenção dos fiéis para visões do inferno exclusivamente além-túmulos ou interiorizadas, pois elas escondem os infernos que existem em nosso mundo: de fome extrema e de desnutrição, de guerra, de narcotráfico violento, de tráfico de escravos sexuais, de migrações forçadas, de estupro com impunidade, de mortes causadas por doenças curáveis, das multiformes (e estruturais) dimensões do demônio que é o vício, de todas aquelas condições infernais que constituem a realidade da maioria da população do planeta terra. Uma evangelização nova, histórica, deve confrontar o pecado em suas formas pessoais. Contudo, deve também reconhecer o que o Arcebispo Romero chamou de "cristalização dos pecados das pessoas em estruturas permanentes que mantêm vivo o pecado e fazem com que a força dele seja sentida pela maioria das pessoas".

Conformidade a Cristo. Ellacuría afirmava que não se podem mudar as estruturas sem que se mudem as pessoas. Uma evangelização nova, histórica, deve cultivar um seguimento de Cristo que vê o levar adiante o ministério de Jesus, em toda a sua densidade profética, como o sinal principal do discipulado. Isto é uma *imitatio Christi* que não reduz o discipulado ao seguimento do exemplo do Jesus humano, que em si mesmo não é tarefa pequena, mas, antes, um desafio a ver a plena divindade de Cristo na plenitude de sua humanidade. Mergulhar nas lutas dos pobres como se fossem próprias (porque o são), encarnar misericórdia autêntica, denunciar a injustiça, mesmo a um custo alto, e esperar no Deus que ressuscita – estas são as características do discípulo de Jesus Cristo.

A Igreja como sinal. A práxis da Igreja, o exemplo da Igreja devem ser para meditar a esperança mesma na salvação que ela proclama. A ameaça do mundo não é a secularização. É o que Ellacuría denominou mundanização (*mundanización*), a tentação de buscar riqueza e de exercer um poder que tanto ignora o sofrimento e a marginalização dos demais quanto contribui para isso. Ela não pode pretender ser a favor da vida enquanto se acomoda a uma civilização da riqueza, que significa morte para a maioria das pessoas sobre a terra.

Se a Igreja assume a tarefa de uma evangelização verdadeiramente histórica, seu testemunho incorporado pode vencer a descrença e assinalar um futuro no qual o Reino de Deus pode vir e a vontade de Deus pode ser feita assim na terra como no céu. A visão de Ellacuría de uma Igreja dos pobres e para os pobres constitui uma evangelização nova e histórica.

A Igreja do povo crucificado
A eclesiologia de Ignacio Ellacuría

Rodolfo Cardenal

A eclesiologia de Ignacio Ellacuría está dispersa em vários artigos, a maioria escrito entre 1978 e 1984, reunidos em *Escritos teológicos II* – "A Igreja, sinal de contradição" (1973), "Libertação: missão e carisma da Igreja latino-americana" (1977), "Igreja dos pobres, sacramento histórico da libertação" (1977a), "O povo crucificado. Ensaio de soteriologia histórica (1978), "A Igreja que nasce do povo pelo Espírito" (1978a), "Recuperar o Reino de Deus, des-mundanização e historicização da Igreja" (1978b), "As bem-aventuranças, carta fundacional da Igreja dos pobres" (1979), "Opção preferencial pelos pobres. Discernir 'o sinal dos tempos'" (1980-1981), "O verdadeiro povo de Deus, segundo Dom Romero" (1981), "O autêntico lugar social da Igreja" (1982), "Pobres" (1983), "Igreja como povo de Deus" (1983a), "Anúncio do Reino e credibilidade da Igreja" (1984) e "Contribuição da teologia da libertação para as religiões abraâmicas na superação do individualismo e do positivismo" (1987).

A eclesiologia de Ellacuría não é uma obra acabada, pois seu desenvolvimento obedece ao acontecer histórico e eclesial. Concretamente, o Vaticano II, Medellín (1968), Puebla (1980) e a experiência de Dom Romero. O ponto de partida é a experiência das comunidades eclesiais de base, as quais ele considera um acontecimento teológico fundamental e uma nova forma de ser Igreja. O ponto de partida de sua eclesiologia não são os livros, como na teologia tradicional, mas a teologia que brota da vida. Por isso, entende a Igreja como povo de Deus, um povo constituído fundamentalmente por pobres e, consequentemente, como Igreja dos pobres. Mesmo que este último conceito tenha sido elaborado por vários teólogos da libertação, nenhum deles o fez como Ellacuría. Neste contexto, analisa, à luz da crucifixão de Jesus e do povo, a dimensão soteriológica da realidade dos pobres.

As duas chaves da eclesiologia de Ellacuría são a decisão irrevogável de Deus de salvar a humanidade e a realidade histórica, em que acontece essa salvação, em virtude da qual a histórica se converte em história da salvação. A novidade de sua eclesiologia radica na historicização destes conceitos. No entanto, Ellacuría não fica na teoria, mas explicita suas implicações pastorais. Ademais, a prática pastoral eficaz é fundamental para verificar a verdade do conceito de Igreja dos pobres.

A pretensão destas páginas é modesta. Não é mais do que uma primeira sistematização da eclesiologia dispersa de Ellacuría nos textos citados anteriormente.

A Igreja é o povo "pobre" de Deus

Ellacuría inverte a perspectiva tradicional da eclesiologia de cima para baixo quando entende a Igreja como povo de Deus. Portanto, aplica a identidade da Igreja à humanidade. Por esta razão, não insiste em Deus, em si mesmo, mas em sua referência ao povo. Tendo em vista que é um Deus que se revela como Deus do povo, Ellacuría enfatiza o sentido eclesial mais do que o teologal.

Historicamente, a relação de Deus com o povo é estreita, pois todo povo coloca seu deus como o elemento essencial constitutivo de sua condição como tal. Teologicamente, o Deus de Israel, em repetidas ocasiões, declara: "Eu serei teu Deus e vós sereis meu povo" (1987). Segundo a revelação, existe povo de Deus porque há um Deus do povo, em contraposição a um Deus do cosmo ou da natureza. O ser de Deus é conhecido e vivido em sua relação livre com o povo, pois ele é aquele que é em sua doação e manifestação ao que acontece a seu povo. Por outro lado, o povo cobra realidade, plena autoconsciência e liberdade, sendo seu povo e abrindo-se a ele. O povo só alcança sua plenitude em referência ao Deus verdadeiro, constituído em Deus do povo.

Israel chega a essa concepção pela mediação histórica de uma experiência de opressão e de luta para libertar-se e constituir-se em povo livre. Esta mediação é imprescindível para Ellacuría, porque a opressão impede a constituição de um verdadeiro povo, condição necessária para ser povo de Deus e para que Deus se revele mais e se faça presente historicamente nele. Portanto, somente se é povo de verdade na medida em que se chega a ser povo de Deus. Todavia, como não há povo sem rei, nem reino sem povo, o povo de Deus remete-se diretamente ao reinado de Deus e não à Igreja. Logicamente, é mais apropriado o reino ter um povo do que a Igreja. Teologicamente, o povo de Deus precede a Igreja na revelação (1981).

O reinado de Deus traz a salvação ao povo, mas mediada historicamente por um projeto que busca libertá-lo da injustiça e do pecado-do-mundo. Mesmo quando a libertação é uma meta utópica e escatológica, não lança o reino para um futuro sem presente. Se fosse esse o caso, a salvação não teria sentido. A salvação não está fora da história, mas retida nela. A conexão entre a utopia escatológica e a realidade atual é dada pela mediação histórica, que plasma a salvação em estruturas sociais. Ora, mesmo quando estas se assemelhassem ao reinado e ao povo de Deus, o projeto histórico não esgotaria a salvação, porque esta, posto que prometida a um povo e em um povo, não se circunscreve a um povo determinado (1978a, 1983, 1987).

Em todo caso, a Igreja necessita da mediação institucional, que a configura como poder social, para cumprir a missão de lutar contra o pecado do mundo. Este pecado há de ser erradicado, porque nega a presença e a revelação de Deus na história e porque, a partir desta negação, estrutura a história e, partindo desta, a vida das pessoas, e imprime sentido e direção nas ações de tal maneira que negam positivamente o amor de Deus. A dimensão estrutural não anula o pecado pessoal, porque o pecado passa, de uma forma ou de outra, pela vontade individual. E do mesmo modo, em uma medida ou em outra, sempre adquire forma objetiva, a qual não é somente fruto do pecado pessoal, mas também do pecado objetivado. Consequentemente, na medida em que a Igreja conseguir que a humanidade seja mais humana, aproxima-a de sua plenitude e leva a cabo "o juízo final", visto que atua a partir do reino.

Isto significa que o centro da Igreja se encontra na humanidade, ou seja, para além de suas fronteiras institucionais. Por isso, a Igreja não pode anunciar a si mesma, mas o reino já anunciado por Jesus, incluída sua dimensão profética. Nem pode evadir-se com a desculpa de que o reino chegará com sua segunda vinda, porque deve contribuir ativamente para preparar "a explosão da glória de Deus". Tampouco pode renunciar a tornar real o que anuncia, porque deve mostrar o operar salvífico de Deus na humanidade, sem desvirtuar sua identidade. A Igreja só poderá dar por concluída sua missão quando puder afirmar com propriedade que é, em sua totalidade, verdadeiro povo de Deus (1978b).

Em que pese o anterior e sem coincidir totalmente, Ellacuría atribui ao povo de Deus possuir uma dimensão eclesial estrita, porque corresponde à Igreja entregar-lhe a plenitude da obra de Deus. Por isso, a Igreja não passa de um "instrumento excepcional" para a instauração do reino, e a mediação mais adequada é a libertação, a justiça e o amor, três momentos de um mesmo processo histórico. Em virtude do reino, a Igreja há de libertar-se da injustiça para viver o amor, o sinal por antonomásia do Deus salvador do mundo e o sinal de credibilidade por excelência da Igreja. Daí que toda a proclamação e ação eclesiais devem mostrar essa salvação e, nesse sentido, hão de ser sinal intrinsecamente histórico. O discernimento mostra à Igreja qual é "o pecado" do mundo em cada momento histórico para, a partir dele, interpretar os outros pecados e tirá-los, e também qual é a esperança do mundo, para responder à premente interrogação da humanidade sobre o sentido da vida presente e futura, e sobre a mútua relação de ambas, sem outro limite senão o derivado da missão libertadora. Por isso, carece de sentido indagar se ao libertar, a Igreja se mete em política. A única pergunta possível e desejável é se é fiel à sua missão (1978b, 1984).

Ellacuría está firmemente persuadido de que Deus está ativamente presente na história e de que a história está em Deus, na proximidade e na presença incipiente, mas definitiva, do reino. Por conseguinte, somente uma Igreja que torna possível a salvação na história pode descobrir e comunicar o Deus da história – o Deus historicamente dado. A quem se surpreende com estas afirmações, Ellacuría recorda que a historicização de Deus é tão escandalosa quanto sua encarnação e a divinização da história. Deus é Deus-conosco (1978b, 1984).

As marcas da Igreja dos pobres

Ellacuría atribui à Igreja dos pobres quatro marcas: a opção preferencial pelos pobres, a encarnação na luta pela justiça, a presença do Espírito nessa luta e a perseguição. Estas marcas, cuja relevância e novidade apoiam-se em sua historicização, especificam a Igreja dos pobres. São marcas de uma realidade essencialmente histórica e, portanto, necessárias para fazer com que o mistério seja crível e operante na história (1981, 1987).

A opção preferencial pelos pobres

O povo de Deus é o povo histórico dos pobres. Para Ellacuría, pobre não é um conceito abstrato, senão o despossuído e o excluído pelo rico e poderoso. A dialética pobre-rico evita fugir da realidade. Também é pobre quem contribui para destruir a ordem injusta que o produz. O pobre tampouco é um conceito profano, senão que funda suas raízes na essência da fé. Pelo simples fato de estar desamparado e ser fraco e vítima do tratamento injusto do poderoso, o pobre é o preferido de Deus, em razão de sua misericórdia e de sua justiça. Em um mundo de pecado, Deus expressa seu amor pela humanidade como justiça. Não somente pôs nos pobres suas preferências, mas também os chamou para reinar em seu reino e, em virtude dessa eleição, dotou-os de uma força capaz de derrubar os poderosos. A preferência de Deus os constitui no verdadeiro lugar social da Igreja, pois, a partir deles, abarca-se de maneira mais concreta e plena a totalidade e a universalidade da mensagem evangélica. Consequentemente, a Igreja deve optar pelos pobres e há de interpretar, julgar e organizar-se a partir desta opção (1980-1981, 1982, 1983).

A verdade da Igreja dos pobres se justifica, segundo Ellacuría, a partir de sua sacramentalidade radical. A Igreja não é simples sacramento de salvação, mas sacramento "histórico" de salvação, com o qual recupera a plenitude do sentido do "sacramento" e da "salvação". O fundamento da sacramentalidade é a corporeidade, uma realidade anterior. Tendo Jesus desaparecido, o Ressuscitado "toma corpo" na Igreja e, assim, adquire corporeidade histórica para continuar "incorporando-se" na história. Ao assumir corpo em outro, Jesus Cristo transforma-se na Igreja, sem deixar, porém, de ser quem era. O "tomar corpo" é necessário, porque, para seus seguidores, somente a presença corporal, entendida como atualidade da pessoa, é realmente presença. Teologicamente, "tomar corpo" corresponde a "fazer-se carne" do Verbo, que assim pode intervir na ação da humanidade de modo plenamente histórico. Ao "tomar corpo" para

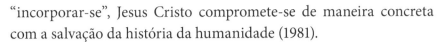

"incorporar-se", Jesus Cristo compromete-se de maneira concreta com a salvação da história da humanidade (1981).

Desse modo, a Igreja deve "incorporar" Jesus Cristo nessa história, concretamente, nos pobres, seu verdadeiro corpo histórico, onde Deus se faz presente de maneira invisível para o mundo, mas visível para a fé. Isto não significa que a Igreja deixa de ser "corpo místico", pois a incorporação não se esgota na história, mas abre a um "mais", que transborda toda possível captação e apresentação. Portanto, a Igreja é "mais" do que nela se vê; o "mais", no entanto, acontece e haverá de acontecer no que se vê (1981, 1982).

A opção preferencial da Igreja dos pobres tem, para Ellacuría, duas graves consequências práticas. A primeira é que a fé deverá significar algo real e verificável para suas vidas. Dada a estrutura histórica da realidade, a Igreja está obrigada a tirar o pecado-do-mundo e a tornar presente a vida encarnada de Deus. Portanto, sua missão consiste em salvar de maneira conjunta os dois extremos da dialética rico-pobre, atados pelo pecado. Quando esta dialética se rompe, há salvação, que é sempre "de" alguém e, nele, "de" algo. É assim que a eficácia da fé se constitui em princípio de libertação universal. A outra consequência é que os pobres são o sujeito principal e o princípio estruturador da Igreja. A união de Deus com a humanidade, em Jesus Cristo, é, historicamente, a união de um Deus esvaziado, em sua versão primária, com o mundo dos pobres. Em correspondência a esse esvaziamento, a Igreja há de encarnar-se neles, dedicar-lhes sua vida e morrer por eles. Na entrega total e incondicional, erige-se em sinal eficaz de salvação para a humanidade. Não é, pois, uma Igreja que, sendo rica, se ocupa dos pobres, tampouco lhes oferece generosamente sua ajuda a partir de fora. Ao contrário, eles são para ela o corpo de Cristo, o lugar histórico de sua presença e a "base" da comunidade reunida em torno de Jesus. Nesse sentido, a comunidade eclesial de base institucionaliza a opção pelos pobres (1977a).

Ellacuría não reduz a ação eclesial à força sociopolítica, que se exaure na luta ideológica contra a estrutura injusta, mas afirma a primazia do dom e da ação de Deus. De modo particular, seu Espírito criador e libertador tem precedência sobre o esforço humano. Todavia, a existência de necessidades humanas urgentes nega esse dom que, então, se faz carne na dor da humanidade. De acordo com a revelação, é "a divindade crucificada na humanidade" e, segundo a cristologia, é o clamor de "Jesus, que toma corpo histórico na carne, na necessidade e na dor" da humanidade oprimida. No clamor universal dos povos, classes e pessoas por libertar-se não só se decide o futuro da humanidade, mas também se decide a questão de Deus na história (1977a, 1981).

A encarnação na luta pela justiça

A Igreja dos pobres não pode repudiar as lutas históricas pela justiça, senão, em fidelidade à sua missão e identidade, haverá de participar delas, pois a justiça e a liberdade são necessárias para que a humanidade chegue a ser povo de Deus. A partir da exterioridade da realidade, a justiça e a liberdade indicam o caminho da história para a transcendência, e vice-versa. A partir da interioridade da fé, elas são marcas tão universais que, com os devidos matizes, são válidas para todos os tempos, povos e sociedades. Desse modo, a ação libertadora e justificadora de Deus conflui com a ação justiceira e libertária do povo (1978b, 1981).

Ora, pois, a Igreja não pretende implantar uma ordem política. Não tem capacidade para isso e, acima de tudo, Jesus não o pretendeu, e sim se dedicou a concretizar o reino e, enquanto tal, a salvar de qualquer ordenamento político. Daqui Ellacuría tira várias consequências práticas importantes: a) embora a realização do projeto libertador exija o uso do poder, este há de ser buscado para colocá-lo a serviço dos "sem poder", não dos líderes; b) os líderes, portanto, só devem ser mediadores a serviço do reino e do povo, visto que jamais poderão substituir o único rei do povo de Deus; c) a Igreja não há de ser mais do que o fermento na massa, na realização do projeto histórico libertador e, consequentemente, há de limitar-se a indicar a direção e os valores indispensáveis para aproximá-lo da utopia do reino; d) não existe um projeto único, e nenhum coincide com a referida utopia, mesmo quando chegasse a pôr em prática a justiça. Em definitivo, a utopia é a via mais segura para aproximar-se da transformação da estrutura social (1981, 1977a, 1978b).

Não obstante o que foi dito anteriormente, a luta pela justiça tem sido rechaçada com o argumento de que está favorecida pelo marxismo e por fazer uso da violência nas mediações históricas. A estas objeções, Ellacuría responde, em primeiro lugar, que se a luta de classes escandaliza, também deveria escandalizar a existência de classes e a luta entre nações e blocos de nações. Não existem classes porque há luta, mas há luta porque existem classes. Em segundo lugar, a luta de classes marxista não é uma paixão subjetiva, mas uma realidade social objetiva e uma questão científica para além de elucubrações teológicas. Em terceiro lugar, Ellacuría reconhece a influência do marxismo, mas de maneira secundária e em um segundo momento, quando é necessário esclarecer teoricamente a realidade social. Em concreto, é útil para desmascarar interpretações interesseiras, para identificar os sociopoliticamente pobres e as causas de sua pobreza, para promover soluções e situar a Igreja dos pobres em seu "autêntico lugar". Assim, pois, sua influência é positiva e cristã, visto que promove a opção preferencial pelos pobres (1982).

Por outro lado, invocar o pacifismo para desacreditar a luta pela justiça não é apenas um equívoco, mas também não costuma ser honrado, porque sói ocultar a exploração do opressor. Ellacuría lembra aos que apresentam esta objeção que a violência é prática comum no Antigo Testamento e no cristianismo, mesmo que não no Novo Testamento. Em todo caso, nem toda luta pela justiça é violenta, nem luta de classes. E se o fosse, o povo de Deus deve participar dela para garantir a justiça e desmascarar a paz aparente. Mesmo que não lhe caiba iniciar a luta armada, porque não é conforme sua natureza, nem está preparada para ela, deve participar dela e contribuir para o triunfo revolucionário, mas com suas próprias armas que, sem ser bélicas, nem por isso são menos eficazes. Em qualquer caso, o critério fundamental é optar pelo mais conveniente para o povo (1978b, 1981).

Em contradição com seus detratores, a opção preferencial pelos pobres não surge do ódio primário aos ricos, contrapostos aos explorados e oprimidos, mas do amor a eles. O ponto de partida não é o ódio a um dos extremos, mas o amor ao outro. A meta última é a conversão do opressor e a restituição de seu caráter de filho de Deus. Teologicamente, é um processo redentor das pessoas e da sociedade, presidido pela cruz. Por isso, o amor não somente deve informar os meios utilizados na luta pela justiça, mesmo quando ela exija condições muito duras, mas também impor certos limites ao povo de Deus: respeitar a existência de leis que condicionam as soluções, independentes da vontade da pessoa, ater-se à solução técnica e assumir as leis que se propõem a erradicar o pecado (1981).

O Espírito e a luta pela justiça

As desgraças e os sofrimentos, em si mesmos, não salvam. Nem sequer o povo de Deus, sem mais. A salvação provém da presença e da ação orientadora do Espírito de Cristo. Aqui, Ellacuría distingue entre o povo como entidade política, que luta pela libertação com meios formalmente políticos, e o povo de Deus como comunidade de seguidores de Jesus, inspirada e guiada por seu Espírito em sua luta pela libertação e pela salvação dos povos. A distinção tem sua importância, porque Ellacuría pensa que a luta pela justiça só entrega o que promete se for fermentada pelo Espírito. Por isso, a Igreja dos pobres tem a missão singular, indispensável e insubstituível de espiritualizar a pobreza e de elevá-la à consciência de sua realidade como opressão e princípio de libertação (1981, 1979).

O Espírito de Jesus faz nascer o verdadeiro povo de Deus para continuar e prolongar a transformação da história, não o deixa sozinho no cumprimento deste mandato, mas o guia e acompanha;

sua presença é real e criativa, prova de que Jesus continua vivo na história e de que continua a realizar nela, até consumá-la, a tarefa que começou em sua vida histórica. Por conseguinte, o grande desafio consiste em encarnar ou historicizar o espírito de pobre e em espiritualizar a carne real. O povo espiritualizado é o representante idôneo da presença do Espírito no mundo, que assim se converte "no resto" eclesial por antonomásia. Assim, pois, com "a espiritualidade da pobreza", Ellacuría não pretende espiritualizar o povo, em termos exclusivamente místicos, mas sua realização plenificada pelo Espírito de Jesus (1981, 1979).

Historicamente, Deus escolheu realizar a plenitude da humanidade através da pobreza. Por isso, observa Ellacuría, a primeira bem-aventurança convida a fazer-se pobre, enquanto houver pobres. Sua lógica é diferente de a das demais bem-aventuranças. Com efeito, ao faminto, promete-se saciedade, e ao que chora, alegria. Ao pobre, porém, não se promete a riqueza, mas o reino, que não pode ser descrito em termos de riqueza histórica. Ali haverá abundância para todos, "mas ninguém poderá considerar-se rico em contrapartida ao pobre e em contraposição a ele!". O núcleo da Igreja dos pobres não é constituído pelos pobres, mas pelos "pobres em espírito", ou seja, aqueles que vivem completamente do Espírito de Jesus. Teologicamente, os pobres de espírito são os "pobres com Espírito", ou seja, os pobres que assumem sua pobreza real a partir da perspectiva do reino, em sua parcialidade humana e cristã (1979).

Ellacuría enfatiza que a pobreza bem-aventurada não é a que é aceita com resignação e passividade, mas a que é superada ativamente, apesar de ser dom, na medida em que se constrói o reino. Isso se deve ao fato de que o espírito das bem-aventuranças, necessariamente, suscita a contradição, já expressa na contraposição entre as bênçãos e as maldições, que opõem os ricos, os fartos e os que riem aos pobres, aos famintos e aos que choram e são menosprezados. Deus está deste lado e contra o outro (1979).

A espiritualidade do povo de Deus caracteriza-se pela fé, que o abre à manifestação do reino e a Deus, pela esperança, que o anima a aguardar sua chegada na ação transformadora, que já é presença, mas ainda não é plenitude, e também pelo amor, que o move a lutar contra a injustiça e o pecado, porque se sabe preferido por Deus. Em definitivo, o amor de Deus se transforma em amor por seus filhos e filhas, na tarefa de constituir um só povo (1981, 1979).

Contrariamente ao que poderia parecer, a presença e a ação do Espírito de Cristo no povo não subtraem a radicalidade e universalidade à libertação histórica. O espírito de pobreza é a opção mais radical de todas, porque não se preocupa somente com a raiz econômica da opressão, mas também se esforça por extirpar suas causas sociais, políticas e individuais, e a mais universal, porque não se limita à libertação de um povo, mas de toda a humanidade (1981).

A perseguição por causa do reino

Inexoravelmente, a Igreja dos pobres sofre a perseguição do mundo. A perseguição é consequência direta do confronto dos dois contrários principais: os ricos e os pobres, o pecado e a graça. A Igreja pode evitá-la se se identificar com os ricos e poderosos. Contudo, então, mundaniza-se. A perseguição lhe sobrevém quando se identifica com os pobres. Nesse momento, encontra a santidade. A perseguição é sinal de fidelidade ao Evangelho e verificação de sua autenticidade. Desse modo, pois, teologicamente, perseguição não é uma dificuldade qualquer. O critério de autenticidade é Jesus, ou seja, o anúncio do reino aos pobres e o fazer-lhes o bem. Em última análise, a Igreja é chamada a ser sinal de contradição (1984, 1983).

A perseguição contra os pobres e contra os que optaram de forma ativa por sua causa começa como violência estrutural, que cria as maiorias oprimidas e inclusive as empobrece cada vez mais, ao mesmo tempo que torna as minorias cada vez mais ricas. Em seguida, adota a modalidade de repressão violenta, para frear a ação empreendida pelas maiorias que buscam libertar-se da opressão. Portanto, segundo Ellacuría, a ação contínua e sistemática contra o movimento de libertação é, em sentido estrito, perseguição por causa do reino, porque os perseguidores são os responsáveis pela ordem injusta e pela estrutura de pecado, e porque, com ela, tentam deter a marcha rumo ao reino (1981).

Por conseguinte, a perseguição por causa do reino tem caráter político e teologal. É política porque Cristo e sua Igreja são sinais de contradição, e é teologal porque é desencadeada contra o povo de Deus. No entanto, na prática, não é fácil distinguir esses âmbitos. Em sentido estrito, o conflito político do povo organizado com outras organizações não é perseguição teologal por causa do reino, mesmo quando essa luta é muito justa, mas é uma perseguição diretamente política. Ora, pois, enquanto trabalha em favor do reino, pode ser, indireta e implicitamente, teologal. Quando se dirige contra o povo de Deus que busca libertar-se é, direta e explicitamente, teologal. No entanto, na medida em que representa uma ameaça para a exploração secular, é, indireta e implicitamente, política. Esta distinção é bastante útil para resolver certas polêmicas como a de se Dom Romero foi assassinado por razões políticas ou se é um mártir da justiça. Politicamente, mata-se o líder para reprimir o movimento popular e o apoio da Igreja. Teologicamente, a perseguição enfurece-se contra o pastor e o profeta, líderes do povo de Deus, que anunciam o reino com palavras históricas e impulsionam o movimento popular, a fim de dispersar o rebanho (1973, 1981, 1984).

O povo crucificado

A eclesiologia de Ellacuría culmina na formulação da Igreja como povo crucificado. Na busca de onde e como se realizou a ação salvífica de Jesus para dar-lhe continuidade na história, descobre a realidade histórica do povo crucificado na atualidade pelo pecado-do-mundo. O fio condutor de sua busca é o caráter histórico da salvação de Jesus e o caráter salvífico da história da humanidade crucificada. Convencido de que a improbabilidade salvífica da paixão de Jesus ilumina a improbabilidade salvífica da crucifixão do povo, Ellacuría investiga como Jesus e o povo crucificado se exigem para a realização plena da salvação (1978).

O enfoque é mais soteriológico do que ontológico, pois não enfatiza a identidade de Jesus e do povo, mas o que ambos representam para a salvação da humanidade. Na realidade, é uma soteriologia histórica, porque acentua o duplo caráter histórico da realidade da salvação, na história da humanidade, e da participação ativa da humanidade nela. A questão fundamental é o sentido do aparente fracasso da morte e da crucifixão do povo, porque aí se joga tanto o fracasso de Deus quanto o da humanidade perante o pecado-do-mundo e a presença do mal na história, bem como o sentido histórico da imensa maioria da humanidade. Ellacuría ilumina a teologização da morte do povo a partir da consideração histórica da prisão de Jesus (1978).

Não é fácil reconhecer a natureza soteriológica da pobreza e dos pobres, ou seja, que eles são os primeiros e mais bem evangelizados e os evangelizadores. Não está claro como possam ser ambas as coisas. É aceitável, mesmo com reticências, que tenham sido chamados, de maneira preferencial, a ser evangelizados e os primeiros no reino. Contudo, é inadmissível que, em virtude desse chamado, sejam também os eleitos de Deus para serem os salvadores da humanidade. Se lhes foi prometido definitivamente o reino e, portanto, já são bem-aventurados, não está claro, porém, como possam salvar os demais, quando nem sequer eles estão salvos. Ellacuría encontra a resposta a este paradoxo em Jesus, que, igual a eles, acaba na cruz, abatido pela perseguição. Semelhantemente e em que pese sua situação de abatimento, ambos trouxeram e trazem salvação na história, mas isto somente se vê quando se recupera o escândalo e a loucura da cruz (1978).

Tanto a morte de Jesus quanto a do povo têm causa histórica, não natural. São mortes produzidas por uma "necessidade" histórica com causas necessitantes. Mesmo quando a crucifixão do povo não acontece sempre e em todo lugar da mesma maneira, nem pelas mesmas causas específicas, a causa mais importante é o pecado-do-mundo, cuja mera existência torna necessária a cruz para chegar à ressurreição. A esse pecado se refere o Evangelho ao anunciar a morte de Cristo "por nossos pecados". O confronto entre o reino de Deus e o do pecado torna inevitáveis a resistência e a luta, a perseguição e a morte. Portanto, a necessidade não responde a considerações expiatórias sacrificais, mas históricas (1978).

A morte de Jesus é consequência de sua vida. Põe fim a seu modo de viver, mas não ao sentido de sua vida, porque aquela há de ser reproduzida e seguida em novas vidas com a esperança da ressurreição e da exaltação. Daí que sua vida dá sentido à sua morte e que esta não é senão consequência daquela. A ressurreição remete, necessariamente, à paixão, e esta à vida de Jesus como anunciador do reino. Portanto, a vida, a morte e a ressurreição de Jesus não apenas continuam no céu, mas também acontecem na história humana por uma espécie de "deslizamento histórico", na parte de seu corpo que ainda peregrina sobre ela (1978).

Jesus Cristo não apenas tem continuidade mística e sacramental, mas também histórica. Em virtude disso, sua unicidade não está na separação da humanidade, mas no caráter definitivo de sua pessoa e na onipotência salvífica que lhe compete. Com outras palavras, o *totum* da presença de sua continuidade não é o culto, nem sequer a Eucaristia, mas a continuidade histórica para continuar fazendo o que ele fez e tal como o fez. Portanto, a dimensão histórica da salvação e sua realidade e sentido estão assegurados em sua continuidade com a história. A vida eterna só tem sentido em continuidade com o presente e com o futuro da história da humanidade (1978).

A continuidade-descontinuidade de Jesus mostra sua exemplaridade para os povos crucificados. Graças a ela, as consequências históricas de sua ressurreição são a esperança e o futuro para aqueles que ainda se encontram nos "dias de paixão". Contudo, este é um mistério do qual Ellacuría se aproxima a partir da metáfora do Servo Sofredor do Segundo Isaías, em continuidade com a tradição cristã, que viu preanunciada nela a paixão de Jesus (1978).

O servo é enviado a implantar o direito e a justiça universais, isto é, fará justiça ao povo oprimido e legislará para distribuir equitativamente os bens da criação, de que todos poderão desfrutar. Portanto, a missão do servo é contrária ao interesse dos ricos, que por isso o desprezam. A quem objete que essa missão seja política, Ellacuría lembra que é o próprio Deus quem o elege, envia-o e apoia-o. Similarmente, o servo chama a interiorizar o amor à justiça para criar um ser humano novo. O terceiro cântico enfatiza a importância do sofrimento, na marcha libertadora do povo, para evitar que a ampla experiência de abatimento suscite desconfiança. O Senhor não só apoia o sofrimento do servo, mas também lhe dará a vitória, embora esteja aparentemente derrotado por carregar os pecados dos outros sendo inocente. Sua morte é um ato de absoluta injustiça que escandaliza. Sua dor, porém, não é em vão, pois Deus se encontra por trás dele. Nem sua esperança é vazia, porque a tocará com suas mãos e transformará sua vida. Ao aceitar seu destino para salvar, pelo sofrimento, os que o causam, Deus não pode senão atribuir um valor plenamente salvífico à sua entrega. Dessa maneira, o profeta abre no horizonte uma grande esperança para os aflitos e perseguidos. No entanto, adverte Ellacuría, somente um difícil ato de fé pode descobrir a salvação oculta ao olhar humano (1978).

Tal qual o povo crucificado, o servo sofredor é aceito por Deus e sua paixão está objetivamente relacionada com a realização de seu reino. Consequentemente, servo sofredor de Iahweh é todo aquele que cumpre a missão descrita pelos cânticos. Em sentido mais estrito, servo sofredor será todo crucificado injustamente pelos pecados da humanidade, já que todos os crucificados constituem uma única realidade, na unidade da expiação. Portanto, o povo crucificado é a continuação histórica do servo sofredor, mesmo sem coincidir totalmente com ele (1978).

Em virtude de sua eleição, o povo crucificado erige-se como "o grande sinal dos tempos", através do qual Deus se faz presente à humanidade. Os povos, as classes sociais e as pessoas que clamam por sua libertação constituem "a divindade crucificada na humanidade", cujo clamor é o mesmo clamor de Jesus, que "toma corpo na carne, na necessidade e na dor" da humanidade oprimida. À luz deste sinal principal devem discernir-se e interpretar-se todos os demais sinais (1977a, 1980-1981).

Não obstante a ênfase no sofrimento e no aparente fracasso, sempre se sobressai a esperança do triunfo, que também tem caráter público e histórico e está relacionado com a implantação do direito e da justiça. Assim, pois, o povo crucificado não só é vítima do pecado-do-mundo, mas também traz sua salvação. Contudo, a ressurreição, dada a dimensão coletiva da figura do servo, não se dá à margem do povo crucificado.

Ellacuría detém-se aqui, na crucifixão, e não desenvolve como o crucificado traz, em sua ressurreição, a salvação do mundo, uma realidade necessária, porque não há salvação pelo simples fato da crucifixão e da morte. A Igreja dos pobres, como continuadora da obra de Jesus e como sacramento da salvação, deve entender a si mesma como Igreja do povo crucificado (1978).

A civilização da pobreza e os desafios globais de hoje

Martin Maier

É próprio dos profetas intuir, antes de outras pessoas, fenômenos fundamentais de crise e de mudanças históricas. Ignacio Ellacuría era um desses profetas. Assassinaram-no poucos dias depois da queda do muro de Berlim. No entanto, muito antes havia intuído que estávamos diante de uma mudança de época. Também pressentiu a crise do modelo de civilização reinante e a necessidade de outro modelo, a que chamou pragmaticamente de *civilização da pobreza*. Jon Sobrino deu-lhe continuidade como "civilização da austeridade compartilhada" (Sobrinho, 2004, 34), o que significa que, por um lado, é preciso dividir mais equitativamente os recursos e a riqueza e, por outro, que isso, inevitavelmente, exigirá dos homens e das mulheres dos países ricos limites em seu estilo de vida.

Não reconhecer que vivemos em uma profunda crise de civilização é fechar os olhos perante a realidade: crise financeira, econômica, ambiental, climática, alimentícia, demográfica e energética.

Uma mudança radical é inevitável. Basta lançar uma olhadela sobre alguns livros recentes, publicados em alemão. Os sociólogos Harald Welzer e Claus Leggewie expuseram sua análise da crise atual sob o título *O fim do mundo tal como o conhecemos* (2009). O economista ambiental Niko Paech esboça o caminho rumo a "uma economia do pós-crescimento", com o título *Libertação do supérfluo* (2012). Segundo Paech, nosso modelo de bem-estar não pode salvar-se devido à sua dependência crônica do crescimento. Ralf Fücks enfatiza outros pontos em seu livro *Crescer inteligentemente* (2013), ao relacionar o crescimento econômico com o projeto de uma "revolução verde". Wilfried Bommert, em seu livro *Nada de pão para o mundo* (2009), trata não somente da questão da alimentação, mas também da capacidade de futuro de nosso planeta e de uma nova ordem mundial em geral. Fred Pearce, em seu livro *Land grabbing* [Grilagem de terras] (2012), descreve a disputa global pela terra. O filósofo Thomas Pogge insiste, em seu livro *Pobreza mundial e direitos humanos* (2011), no imperativo categórico moral de erradicar a extrema pobreza.

O denominador comum destas análises é uma crise sistêmica insustentável. Walter Benhamin disse, no início da década de 1930: "A catástrofe é que as coisas continuam assim". Erich Fried formulou de maneira paradoxal: "Quem deseja que este mundo permaneça como está, não quer que permaneça". Assim, Nicholas Stern, ex-economista chefe do Banco Mundial, exige que "nos próximos anos, mudemos os ponteiros do desenvolvimento futuro do ambiente mundial, mas também da economia, de nosso nível de vida e de nossas fontes de energia".

Neste artigo, vamos relacionar o modelo ellacuriano de uma "civilização da pobreza" com os desafios globais de hoje. Começaremos por resumir este conceito a partir de diferentes textos de Ellacuría. Em seguida, esboçaremos as bases teológicas da civilização da pobreza. Seu princípio e fundamento são os direitos humanos, em seu sentido pleno, enquanto direitos civis, políticos, econômicos, sociais e culturais, e a ideia dos bens comuns globais como parte de um novo modelo de civilização. Concluiremos com uma reflexão sobre a utopia e a esperança.

O conceito de uma "civilização da pobreza"

Ignacio Ellacuría desenvolveu o conceito de uma civilização da pobreza em vários artigos. Com civilização, designa uma ordem global de convivência humana. Ele utiliza o conceito de pobreza em vários sentidos, tal como o fizeram os bispos em Medellín (1968) e a teologia da libertação. Fundamentalmente, tem três sentidos. O primeiro é a pobreza em sentido negativo, como ausência ou privação do necessário para viver dignamente – pobreza que é preciso erradicar e superar. O segundo sentido é positivo: a pobreza como abertura espiritual para Deus e como conselho evangélico de perfeição; o terceiro, também positivo, é a pobreza como solidariedade com os pobres e participação em sua luta pela justiça.

A civilização da pobreza tem certa proximidade com "a civilização do amor", proclamada pelo Papa João Paulo II, desde o início de seu pontificado. Já em sua primeira encíclica, *Redemptor hominis* (1979), João Paulo II recordava que "o homem não pode viver sem o amor" (10), que "Cristo revela o homem ao próprio homem" (10) e que "todos os caminhos da Igreja conduzem ao homem" (14) e, por isso mesmo, levam a construir uma humanidade nova. Dom Oscar Romero comenta esta ideia predileta do papa polonês, em sua homilia de 12 de abril de 1979:

> Esta civilização do amor não é um sentimentalismo, é a justiça e a verdade. [...] Uma civilização do amor que não exigisse dos homens a justiça não seria verdadeira civilização, não marcaria as verdadeiras relações dos homens. Por isso, é uma caricatura de amor quando se quer corrigir com esmolas o que já se deve por justiça; corrigir com aparências de beneficência, quando se está falhando na justiça social (Romero, 2001).

Sem dúvida, Ignacio Ellacuría conhecia estes matizes de Dom Romero quando desenvolveu sua visão de uma civilização da pobreza. Em minha opinião, o conceito aparece pela primeira vez no artigo "O Reino de Deus e o desemprego no Terceiro Mundo", publicado em 1982, em *Concilium*. Ali, Ellacuría descreve uma nova ordem mundial da seguinte maneira:

> Trata-se mais profundamente de que se acredita não somente em uma ordem econômica mundial nova, na qual as relações de intercâmbio sejam mais justas, mas também em uma civilização nova, que já não esteja edificada sobre os pilares da hegemonia e da dominação, do acúmulo e da discrepância, do consumismo e do bem-estar falsificado, mas sobre pilares mais humanos e mais cristãos (Ellacuría, 2000, II, 300).[1]

Em seguida, explica, de maneira ampla, a referida civilização da pobreza,

> onde a pobreza já não seria privação do necessário e fundamental, devido à ação histórica de grupos ou de classes sociais e de nações ou de conjunto de nações, mas um estado universal de coisas, em que está garantida a satisfação das necessidades fundamentais, a liberdade das opções pessoais e um âmbito de criatividade pessoal e comunitária que permita o aparecimento de novas formas de vida e de cultura, novas relações com a natureza, com as demais pessoas, consigo mesmo e com Deus (Ellacuría, 2000, II, 303s).

Em "Missão atual da Companhia de Jesus", que Ellacuría redigiu com um grupo de jesuítas da América Central para preparar a Congregação Geral 33, em 1983, institui-se uma conexão entre a salvação cristã e a civilização da pobreza: "Vista positivamente, a mensagem da salvação deve promover a implementação de uma civilização da pobreza mais aparentada com o que é fé cristã e mais ligada ao que é a realidade do homem e ao que é a relação entre 'recursos mundiais e bem-estar universal'" (Ellacuría, 2002, IV, 240). Aqui, Ellacuría

---

[1] As citações de I. Ellacuría são tiradas dos quatro volumes de seus *Escritos teológicos*. O algarismo latino refere-se ao volume, enquanto os arábicos remetem às páginas.

entende a pobreza em sua dimensão positiva como conselho evangélico de perfeição: "Essa pobreza é a que realmente dá espaço ao espírito, que já não se vê sufocado pela ânsia de ter mais do que o outro, pela aflição concupiscente de ter todo tipo de superfluidades, quando à maior parte da humanidade falta o mais necessário" (Ellacuría, 2002, IV, 241).

Em uma civilização da pobreza se realizam os valores fundamentais do Evangelho e do Reino de Deus. Na caracterização que se segue, Ellacuría já quase antecipa o conceito de Jon Sobrino de uma "civilização da austeridade compartilhada": "Entrar-se-ia, portanto, em uma civilização da pobreza plenamente coerente com a pregação de Jesus, uma civilização da austeridade, da partilha, da comunicação de bens e de vidas, da criatividade humana como florescimento da graça interior" (Ellacuría, 2002, IV, 241).

Em um discurso que pronunciou em Madri, em 1987, identifica a civilização da pobreza com o "projeto de Jesus" (Ellacuría, 2000, I, 27). Trata-se de substituir um sistema que faz da acumulação do capital e da riqueza sua principal meta, por outro que corresponda à opção pelos pobres. Trata-se de uma terceira via, que supera as formas atuais do capitalismo e do socialismo. O capitalismo não conhece as fronteiras internas de crescimento. Financia-se com dívidas e se alimenta da exploração ilimitada dos recursos naturais.

Ellacuría retoma o modelo da civilização da pobreza em seu último grande artigo: "Utopia e profetismo a partir da América Latina. Um ensaio concreto de soteriologia histórica", de 1989. Aqui, relaciona a utopia escatológica de uma nova terra com uma nova ordem econômica, uma nova ordem social, uma nova ordem política e uma nova ordem cultural (Ellacuría, 2000, II, 271). Nesse texto, insiste na dimensão dialética da contraposição entre pobreza e riqueza:

> A civilização da pobreza é assim denominada em contraposição à civilização da riqueza, e não porque pretenda a pauperização universal como ideal de vida [...] O que aqui se quer sublinhar é a relação dialética riqueza-pobreza, e não a pobreza em si mesma. Em um mundo

configurado pecaminosamente pelo dinamismo capital-riqueza, mister se faz suscitar um dinamismo diferente, que o supere salvificamente (Ellacuría, 2000, II, 274).

A civilização dominante em nosso mundo está construída sobre a necessidade de acumular, crescer e ter sempre mais. A civilização da pobreza significa uma negação ativa e supressora deste modelo, no final das contas, destruidor de vidas e do meio ambiente.

Ellacuría, no entanto, não pinta em preto e branco, mas reconhece que nem tudo é negativo na ordem mundial. A civilização da riqueza trouxe bens outrossim, mas somente para uma minoria e, em definitivo, os males são mais numerosos do que os bens (Ellacuría, 2000, II, 273). A triste constatação ainda continua vigente: "Nunca houve tantos homens que tenham vivido tão mal". Por isso, corrigir o sistema não é suficiente; é necessário inverter seu curso destruidor.

A partir de uma perspectiva mais sociológica e inspirada nas encíclicas sociais de João Paulo II, Ellacuría defende uma civilização do trabalho para substituir a civilização do capital por um humanismo materialista, em lugar de um economicismo materialista (Ellacuría, 2000, II, 272, 534):

> A civilização da pobreza, ao contrário, fundada em um humanismo materialista, transformado pela luz e pela inspiração cristãs, rechaça o acúmulo do capital como motor da história e a posse-usufruto da riqueza como princípio de humanização, e faz da satisfação universal das necessidades básicas o princípio do desenvolvimento e do crescimento da solidariedade como parte do fundamento da humanização (Ellacuría, 2000, II, 274).

Para justificar uma civilização da pobreza, em contraposição à ordem mundial vigente, Ellacuría assume o imperativo categórico de Immanuel Kant. Segundo este, o imperativo categórico expressa-se em três formulações: (a) "Aja somente de forma que você possa desejar que a máxima de sua ação se converta em uma lei universal", (b) "Aja de tal modo que você use a humanidade, tanto em sua pessoa como na de qualquer outro, sempre como um fim, e nunca somente como um meio" e (c) "Aja como se, por meio de suas máximas, você fosse sempre um membro legislador em um reino universal dos fins". Em sua crítica do sistema predominante, Ellacuría utiliza particularmente o argumento da universalidade: "Contudo, o mais grave é que a oferta de humanização e de liberdade que os países ricos fazem aos países pobres não é universalizável e, por conseguinte, não é humana, nem sequer para os que a oferecem". Não é universalizável "porque não há recursos materiais na terra para que todos os países alcancem o mesmo nível de produção e de consumo" (Ellacuría, 2000, II, 249).

Esta universalização não é possível, nem tampouco desejável. Não humaniza e nem faz feliz, tal como o demonstra, entre outros indicadores, o crescente consumo de drogas nos países ricos (Ellacuría, 2000, II, 250).

Em uma conferência de janeiro de 1989 sobre o "Quinto centenário da América Latina – descobrimento ou encobrimento?", Ellacuría retoma, de outra maneira, o tema da universalidade. Ali afirma que os Estados Unidos estão muito piores do que a América Latina.

> Porque os Estados Unidos têm uma solução, mas é uma solução má, em minha opinião, tanto para eles quanto para o mundo em geral. Em contrapartida, na América Latina, não há soluções, só há problemas; no entanto, por mais doloroso que seja, é melhor ter problemas do que ter uma má solução para o futuro da história (Ellacuría, 2000, II, 533).

A partir disso, Ellacuría conclui que uma solução não universalizável para todo o mundo não é uma solução humana.

Resumindo e atualizando o conceito da civilização da pobreza perante os desafios globais de hoje, podemos dizer que seus critérios decisivos têm de ser a universalidade, a justiça e a sustentabilidade. A economia dos países ricos do norte não é universalizável por razões ambientais e pelos limites dos recursos naturais. O que não é universalizável tampouco pode ser eticamente defensável, segundo o imperativo categórico de Kant. Em escala mundial, justiça significa todos os seres humanos terem o mesmo direito aos recursos naturais e à energia, e que as consequências ecológicas se distribuam de maneira equitativa, ou pelo menos, de forma mais ou menos similar. Sustentabilidade significa administrar os recursos de tal forma que os fundamentos das ações não se destruam e que os direitos e os interesses das gerações futuras sejam levados em conta.

Bases teológicas da civilização da pobreza

As bases teológicas da civilização da pobreza de Ellacuría são sua teologia da história, sua fundamentação teologal e cristológica da opção pelos pobres, e sua soteriologia histórica, em cujo centro se encontra o povo crucificado como o sinal dos tempos mais importante e como o portador histórico da salvação.

A elaboração sistemática mais importante da teologia da história de Ellacuría encontra-se em "Historicidade da salvação cristã", texto escrito em 1984. A tese fundamental deste artigo afirma que não acontecem duas histórias: uma história de Deus e outra história dos homens, uma história sagrada e outra história profana, mas uma única história da salvação. Esta insistência enraíza-se no fato de que o Verbo se fez história.

Neste contexto, Ellacuría critica o falso conceito de transcendência, que a entende como o que estaria fora ou para além do que se apreende imediatamente como real. Diante dessa concepção da transcendência, apresenta-a como "algo que transcende 'em' e não como algo que transcende 'de', como algo que impulsiona fisicamente para 'mais', sem, no entanto, tirar 'para fora de'; como algo que lança, mas ao mesmo tempo retém" (Ellacuría, 2000, I, 542). Por conseguinte, "a transcendência [...] apresenta-se como histórica e a história apresenta-se, por sua vez, como transcendente, por mais que se mostre difícil encontrar os conceitos adequados para conservar esta indivisa unidade sem confusão" (Ellacuría, 2000, I, 534). No final desta citação, vislumbra-se que a chave para pensar esta unidade diferenciada entre transcendência e história é o dogma cristológico de Calcedônia.

Ellacuría nega, portanto, a dualidade da história no sentido de uma história profana, que se supõe puramente natural, e outra sagrada, que se supõe puramente sobrenatural: "Não há senão uma única história, que brota da vontade amorosa e salvífica do único Deus verdadeiro, do Deus trinitário como verdadeiro Deus, pelo que a separação real entre uma história profana e uma história da salvação deve ser abolida, não obstante as múltiplas distinções que devem ser feitas na própria história da revelação e da salvação" (Ellacuría, 2000, I, 622). A história é, ao mesmo tempo, o lugar da realização do homem e da realização e revelação do absoluto. "Para o histórico é que convergem o polo do divino e o polo do humano, onde se dá o encontro do homem com Deus" (Ellacuría, 2000, I, 288).

Contudo, não se trata de uma simples identificação entre Deus e a história, mas de uma elevação da história a Deus. Assim é que a história se torna história da salvação sem necessidade de nenhuma intervenção extrínseca de Deus. Entre uma concepção monista e uma concepção dualista da história, Ellacuría compreende a história como uma unidade estrutural "na qual a diversidade qualitativa dos elementos é absorvida na unidade estrutural de sua realidade profunda. A partir uma concepção estrutural, podem salvar-se, sem separação, a unidade da história e a diversidade de seus distintos elementos" (Ellacuría, 2000, I, 622).

No centro da teologia da libertação está o Deus da vida, que se opõe aos ídolos da morte. Jesus é a encarnação do Deus da vida. Daí se conclui que, para a civilização da pobreza, "o princípio fundamental sobre o qual embasar a nova ordem continua sendo o de que 'todos tenham vida e a tenham em abundância' (Jo 10,10)" (Ellacuría, 2000, II, 259). Intimamente vinculado com a fé no Deus da vida, encontra-se a opção pelos pobres, na medida em que Deus os defende. Por isso, a opção pelos pobres é o "modo fundamental de combater a prioridade da riqueza na configuração do ser humano" (Ellacuría,

2000, II, 268). A superação da pobreza dá-se pela via combativa da solidariedade que, em última instância, inclui dar a vida pelos demais.

Jon Sobrino enfatizou que, em Ellacuría, também opera a tradição inaciana das duas bandeiras. Esta meditação dos exercícios afirma que existem dois caminhos que decidem a vida, a salvação ou a maldição. Os três graus no caminho da maldição são "a riqueza, a honra do mundo e a crescente soberba" (cf. EE 142). Os três graus no caminho da salvação são "suma pobreza espiritual, desejo de opróbios e menosprezos e humildade". Verifica-se, pois, uma contraposição dialética dos três binômios: "pobreza contra riqueza, opróbio ou menosprezo contra a honra mundana, humildade contra a soberba" (EE 146). A isto corresponde a contraposição entre civilização da riqueza e civilização da pobreza.

Direitos humanos e bens globais comuns

O princípio e fundamento de uma nova civilização da pobreza ou da austeridade compartilhada devem ser os direitos humanos, não somente enquanto direitos civis e políticos definidos na Declaração Universal de Direitos Humanos de 1948, mas também enquanto direitos econômicos, sociais e culturais, definidos no Pacto internacional de 1966. Vale a pena recordar o artigo 1º da Declaração Universal: "Todas as pessoas nascem livres e iguais em dignidade e direitos. São dotadas de razão e consciência e devem agir em relação umas às outras com espírito de fraternidade".

Do supramencionado Pacto, citamos apenas, à laia de exemplo, o artigo 7º:

> Os Estados-partes no presente Pacto reconhecem o direito de toda pessoa de gozar de condições de trabalho justas e favoráveis, que assegurem especialmente: a) Uma remuneração que proporcione, no mínimo, a todos os trabalhadores: i) um salário equitativo e uma remuneração igual por um trabalho de igual valor, sem qualquer distinção; em particular, as mulheres deverão ter a garantia de condições de trabalho não inferiores às dos homens e perceber a mesma remuneração que eles,

> por trabalho igual; ii) uma existência decente para eles e suas famílias, em conformidade com as disposições do presente Pacto; b) Condições de trabalho seguras e higiênicas; c) Igual oportunidade para todos de serem promovidos, em seu trabalho, à categoria superior que lhes corresponda, sem outras considerações que as de tempo, de trabalho e de capacidade; d) O descanso, o lazer, a limitação razoável das horas de trabalho e férias periódicas remuneradas, assim como a remuneração dos feriados.

Ellacuría não pretende a pauperização universal como ideal de vida ou do ordenamento econômico. A civilização da pobreza está apoiada em e dirigida direta ou indiretamente para a satisfação das necessidades básicas de todos os homens e de todas as mulheres. Estas necessidades básicas são a alimentação apropriada, a moradia mínima, o cuidado básico da saúde, a educação fundamental, trabalho satisfatório etc. Dessa forma, retoma elementos essenciais dos direitos econômicos, sociais e culturais do Pacto internacional de 1966.

Neste contexto, Ellacuría fala de "um direito fundamental do homem" e da dignidade humana (Ellacuría, 2000, II, 274s). Outra característica fundamental da civilização da pobreza é a solidariedade compartilhada, em contraposição ao individualismo fechado e competitivo da civilização da riqueza (Ellacuría, 2000, II, 276).

De igual modo, Ignacio Ellacuría antecipa, em seu conceito de uma civilização da pobreza, a ideia dos bens globais comuns que, no debate atual sobre o desenvolvimento sustentável, ganhou grande importância (Helfrich e a Fundação Heirich-Böll, 2012, principalmente Edenhofer, Flachsland e Lorentz, 473ss). Os bens globais comuns são, entre outros, a água, a terra, o bosque, o mar e a atmosfera. Já Tomás de Aquino defendeu que os bens da terra, como criação de Deus, pertencem a todos os seres humanos. Ellacuría disse-o deste modo:

> Os grandes bens da natureza (o ar, os mares e as praias, as montanhas e os bosques, os rios e os lagos, em geral, o conjunto dos recursos naturais para produção, o uso e o desfrute) não podem ser propriedade

privada de nenhum indivíduo, grupo, nação; com efeito, são o grande meio de comunicação e de convivência" (Ellacuría, 2000, II, 277).

O economista ambiental Ottmar Edenhofer atualiza esta ideia em sua proposta para uma nova política climática (Edenhofer, Flachsland e Lessmann, 2011, 75). Temos 12 mil giga-toneladas de carbono no solo, em forma de carbono, petróleo e gás. Se quisermos evitar que a temperatura aumente mais de 2 graus centígrados, não devemos sedimentar mais de 230 giga-toneladas na atmosfera. O desafio, pois, não é a escassez de portadores de energia fóssil, mas os limites da capacidade de absorção do dióxido de carbono pela atmosfera. Daí se segue que boa parte das reservas de carbono, de petróleo e de gás há de permanecer no solo. Isso significa uma redução dos rendimentos e da fortuna dos possuidores desses recursos, ao que, evidentemente, eles se negam. Contudo, isto se pode justificar com a reflexão a seguir.

Se os bens naturais "criados" hão de servir ao bem comum da humanidade, a instituição da propriedade privada dos recursos naturais só pode justificar-se na medida em que sirva mais ao bem comum do que a propriedade comum dos recursos naturais. A propriedade privada está, pois, submetida à responsabilidade social. A determinação dos direitos de uso da atmosfera serve ao bem comum, se se pode mostrar que assim se evita uma mudança climática perigosa. Assim, a desvalorização dos títulos de propriedade de carbono, do petróleo e do gás se pode justificar partindo da responsabilidade social da propriedade privada. Seguindo-se a doutrina católica, o destino universal dos bens comuns e da responsabilidade social da propriedade privada tem que servir, em primeiro lugar, aos pobres.

Utopia e esperança

O conceito de uma civilização da pobreza de Ignacio Ellacuría pode ser objetado com o argumento de que é, em primeiro lugar, demasiado geral e, em segundo lugar, de que é utópico. Estas objeções têm alguma justificativa. No entanto, à primeira se pode responder que Ellacuría não pretende propor um modelo técnico de uma nova ordem mundial. Todavia, pretende-se abrir um horizonte de esperança e perspectivas de ação. Pierre Teilhard de Chardin disse que "o mundo pertence àquele que lhe oferece a esperança maior". Antoine de Saint-Exupéry recomendou que "se quer construir um barco, não comece por buscar madeira, cortar tábuas ou distribuir o trabalho, mas primeiro você deverá evocar nos homens o anseio de mar livre e amplo". Estou convencido de que, nesse sentido, necessitamos de uma visão para construir uma nova civilização da pobreza e da austeridade compartilhada.

Existem também propostas concretas para configurar uma nova ordem mundial. Quero enumerar apenas algumas: (a) a abertura dos mercados dos países ricos às exportações dos países pobres; (b) a abolição das subvenções e ajudas à agricultura nos países ricos; (c) um imposto às transações financeiras, segundo o modelo da taxa Tobin; (d) um imposto sobre o uso dos bens globais comuns e (e) a criação de um fundo internacional humanitário para combater a extrema pobreza.

Não obstante, os conhecimentos científicos e as propostas técnicas por si sós não são suficientes para gerar mudanças fundamentais. As revoluções começam na mente, em pensar de maneira diferente. É preciso uma mudança fundamental da consciência e dos valores, relacionada com um novo modo de compreender a qualidade de vida e do meio ambiente, e a integração de fatores ecológicos, na ideia de bem-estar e de progresso. Dos pobres se pode aprender que um nível de vida mais austero não precisa significar uma redução da felicidade. Seria preciso complementar o produto interno bruto com a felicidade interior bruta. A filósofa moral Martha Nussbaum clama por *world citizens*, ou cidadãos do mundo, ou seja, com capacidade para entender-se como parte de uma família humana para além das fronteiras locais e regionais. "Melhor viver bem do que ter muito" era o lema da campanha de jejum de Misereor, há alguns anos.

À segunda objeção, pode-se responder que Ellacuría era conscientemente utópico por causa de sua fé. Estava convencido de que a civilização da pobreza precisa de um homem novo, inspirado nos valores do Evangelho: "Não surgirá o homem novo enquanto não se conseguir uma relação totalmente nova com o fenômeno da riqueza, com o problema do acúmulo desigual" (Ellacuría, 2000, II, 266). A utopia de um homem novo, segundo Ellacuría, também inclui uma nova relação com a natureza. Isto provém da cosmovisão dos povos ancestrais da América Latina: "A natureza não pode ser vista meramente como matéria-prima ou lugar de investimento, mas como manifestação e dom de Deus, e há de ser desfrutada com veneração e não maltratada com desprezo e exploração" (Ellacuría, 2000, II 270). Aqui se podem estabelecer vínculos interessantes com o conceito do "bom viver", do *sumal kawsay* das culturas indígenas do centro da América do Sul.

A realização de uma civilização da pobreza ou da austeridade compartilhada é um desafio gigantesco. Exige um novo contrato social entre a economia, a ciência e a política. A engrenagem dos problemas exige esforços interdisciplinares. Os danos ambientais não conhecem fronteiras nacionais, nem confessionais. Em vista de sua dimensão global, a questão ecológica tem de ocupar um lugar central no diálogo inter-religioso. É o que busca Hans Küng com seu projeto de uma ética mundial e normas éticas comuns para toda a humanidade. Seu lema é: "Não haverá paz mundial sem paz entre as religiões, não haverá paz entre as religiões sem diálogo entre as religiões".

Como sempre, os movimentos renovadores na Igreja estiveram unidos à pobreza do Evangelho e ao contato vivo com os pobres. Estou convencido de que o caminho da renovação da Igreja tem de passar hoje também pelos pobres do mundo, e assim será. Quem se coloca ao lado dos pobres com frequência faz a experiência feliz de que lhe é oferecido mais do que pode dar. Precisamente entre os pobres encontramos qualidades humanas, como a hospitalidade, a gratidão e a ternura, que a miúdo ficaram sufocadas nas sociedades da abundância. Nesse sentido, Jon Sobrino esboçou uma globalização alternativa:

> Enquanto hoje se globaliza uma figura banalizada da fé e da vida, enquanto se globalizam o consumismo e o egoísmo, como também o desprezo e a exclusão de centenas de milhões, quando não de milhares de milhões de pessoas, é sumamente importante chamar a atenção sobre um tipo de globalização: a globalização da verdade, o compromisso, o amor e a ternura.

Há possibilidades de realização? O pesquisador de comportamento Konrad Lorenz afirmou que a humanidade só aprende de catástrofes medianas. Ignacio Ellacuría era, a partir de sua fé, mais otimista e utópico. Assim o disse em seu artigo sobre "Utopia e profetismo", que muitos consideram como seu testamento:

> Por esta razão é que este homem novo se define, em parte, pelo protesto ativo e pela luta permanente, os quais buscam superar a injustiça estrutural dominante, considerada como um mal e como um pecado, pois mantêm a maior pare da população em condições de vida desumana. O negativo é esta situação que, em sua negatividade, lança como uma mola a sair dela; mas o positivo é a dinâmica de superação, na qual o Espírito encoraja de múltiplas formas, sendo a suprema de toda a disponibilidade a dar a vida aos demais, seja na entrega cotidiana, incansável, seja no sacrifício até a morte, padecida violentamente (Ellacuría, 2000, II, 268s).

Referências

BOMMERT, W. (2009). *Kein Brot für die Welt. Die Zukunft der Welternährung.* München.

EDENHOFER, O.; FLACHSLAND, Ch.; LESSMANN, K. (2011). Wem gehört die Atmosphäre? Nach dem Klimagipfel in Cancún. *Stimmen der Zeit.*

____; LORENTZ, B. (2012). Die Erde als globales Gemeingut. In: HELFRICH, S.; HEINRICH-BÖLL-STIFTUNG. *Commons. Für eine neue Politik jenseits von Markt und Staat*, 473ss. Bielefeld.

ELLACURÍA, Ignacio (2000, 2002). *Escritos teológicos*. San Salvador.
FÜCKS, R. (2013). *Intelligent wachsen. Die grüne Revolution*. München.
HELFRICH, S. ;HEINRICH-BÖLL-STIFTUNG. (2012). *Commons. Für eine neue Politik jenseits von Markt und Staat*, Bielefeld.
LEGGEWIE, C.; WELTZER, H. (2009). *Das Ende der Welt, wie wir sie kannten. Klima, Zukunft und die Chancen der Demokratie*. Frankfurt.
PAECH, N. (2012). *Befreiung vom Überfluss. Auf dem Weg in die Postwachstumsökonomie*. München.
PEARCE, F. (2012). *Land Grabbing. Der globale Kampf um Grund und Boden*. München.
POGGE, Th. (2011). *Weltarmut und Menschenrechte. Kosmopolitische Verantwortung und Reformen*. Berlín.
ROMERO, Óscar A. (2001). *Homilías*, IV, San Salvador.
SOBRINO, Jon. (2004). *Cartas a Ellacuría*. San Salvador.

Pensamentos socioeconômicos sobre mediações históricas: rumo à "civilização da pobreza"

Jonas Hagedorn

A visão final das concreções do Reinado de Deus e das mediações históricas culmina, segundo Ignacio Ellacuría, na "civilização da pobreza", em uma primeira abordagem conceitual do Reino de Deus, que pode tornar-se compreensível também para os que se consideram distantes de todo sentido religioso.

A insistência de Ellacuría em buscar respostas para a questão sobre como concretizar o Reinado de Deus, justifica o esforço por identificar mediações históricas que conduzam a uma civilização da

Jonas Hagedorn

pobreza, a partir da perspectiva das ciências sociais, deixando metodologicamente de lado a carga religioso-escatológica.[1]

Indicadores da civilização da pobreza e duas regras básicas

Ellacuría não desenvolveu sistematicamente o conceito da civilização da pobreza. Apesar disso, suas explicações oferecem indícios suficientes para determinar seu conteúdo e relacionar o referido conceito com o discurso socioeconômico.

A economia trabalha com indicadores que lhe permitem avaliar o alcance de um processo à luz de seu objetivo final. Nesse sentido, a civilização da pobreza interessa aos que não compartilham "sua gramática religiosa", caso se explicite seu conteúdo e se estabeleçam indicadores. Esta tarefa pode ser realizada sem necessidade de reinventar a roda: basta recorrer, por exemplo, ao *capabilities approach* [abordagem das capacidades], de Martha C. Nussbaum (Nussbaum, 1990, 1992, 2000/2006, 2006/2007).[2]

Nussbaum apresenta um quadro de capacidades que deveriam estar à disposição de todos os seres humanos (com relação ao conteúdo concreto e às listas, cf. Nussbaum 1900, 219-225; 1992, 216-222; 1998, 318-320; 2000/2006, 78-80; 2003, 41-42; 2006/2007, 76-78). Ao pesquisar quais são as capacidades mais importantes para os seres humanos, de tal maneira que, sem elas, sua vida não seria verdadeiramente humana, Nussbaum identifica dez dentre as mencionadas capacidades. Podemos supor que Ellacuría estivesse de acordo com aspectos centrais desta lista e que reconheceria sua ideia da "liberdade real"

---

[1] A teologia da libertação da "escola salvadorenha" conserva a reserva escatológica, mas sem abandonar a realidade histórica.

[2] Nussbaum é uma representante do liberalismo político. Desde a década de 1970, discutem-se intensamente conceitos diferentes do liberalismo político (Rawls, 1971; em espanhol, 1975). A teologia da libertação poderia ter feito aliados dentro de algumas das correntes do liberalismo político.

(Ellacuría, 1990/1993, 416-418) no conceito de "liberdade substancial", de Amartya Sen e Nussbaum (Ellacuría, 1990/1993, 427).

Contudo, o conceito de civilização da pobreza de Ellacuría vai muito além do *capabilities approach*. Em primeiro lugar, porque Ellacuría parte de certos "valores profundos" (Ellacuría, 1990/1993, 430), com pano de fundo metafísico e a partir de determinada visão do mundo. Em contrapartida, Nussbaum reivindica uma visão neutra do mundo, renunciando a seguir determinados valores ou uma concepção humana específica. Em segundo lugar, porque Nussbaum define as capacidades como um critério mínimo. Se este critério, posto que muito ambicioso,[3] estiver garantido, mesmo que as posturas sociais sejam bem divergentes, não causarão problemas, não farão restrições. No entanto, Ellacuría não luta por uma igualdade social baseada tão somente em uma justa posição de partida, nem se conforma simplesmente com uma ampla igualdade de oportunidades. Apesar destas diferenças a respeito das mediações históricas em geral, seria interessante estabelecer um diálogo entre o pensamento de Ellacuría, de um lado, e o de Sen e Nussbaum, por outro.

Mesmo que para alguns possa parecer ousado, aqui sistematizo socioeconomicamente a civilização da pobreza em duas regras complementares: a maximização da igualdade social (R*max*) e a minimização dos custos externos (R*min*). A primeira expressa uma valoração normativa sólida, enquanto a segunda inclui o contexto intergeracional e desempenho econômico.

A maximização da igualdade social deriva do conceito de Ellacuría "do homem novo". Ele atribui a "ruptura cainita da humanidade" e a "formação de um homem explorador, repressivo e violento" ao "enriquecimento rápido e desigual" (Ellacuría, 1990/1993, 420). Consequentemente, o "homem novo" surgirá quando "se conseguir

---

[3] No âmbito do liberalismo político da filosofia política contemporânea, a verdadeira "defensora da opção pelos pobres" é Nussbaum, não o famoso J. Rawls.

uma relação totalmente nova com o fenômeno da riqueza, com o problema da acumulação desigual" (Ellacuría, 1990/1993, 420). Ellacuría não entende a igualdade social como "igualdade mecânica" ou como "igualdade obrigada" (Ellacuría, 2009/1993, 420). Não obstante, "no âmbito real do social" devem desparecer "as desigualdades excessivas e conflitantes" e se devem evitar "os processos promotores de desigualdades chamativas e provocadores de conflitos" (Ellacuría, 1990/1993, 443).

A minimização dos custos externos parte da premissa de que tais custos sempre são um mal para o bem comum. Custo externo é tudo aquilo que deve ser pago por terceiros não comprometidos no processo que os gerou. Nesse sentido, as gerações futuras podem fazer parte desses terceiros. Por exemplo, o custo ecológico da agroindústria – o aquecimento global causado pelas emissões de CO^2 ou a destruição da biodiversidade, provocada pela agricultura convencional –, o qual não se reflete no preço real. A exportação do excedente da indústria agrícola da União Europeia para os países africanos também provoca custos externos. Esses produtos, que gozam de forte subvenção, abarrotam o mercado local onde, devido a seu baixo preço, não encontram concorrência e, por tanto, destroem a cadeia de valor agregado e despojam o agricultor de seu meio de subsistência.

Do mesmo modo, os salários refletidos no mercado de trabalho podem causar custos externos, como quando caem abaixo do mínimo necessário para se viver com dignidade. Estes custos externos são pagos pela rede familiar ou pelo sistema de seguridade estatal. No primeiro caso, os familiares são os terceiros que arcam com os custos. No segundo caso, são cobertos pelo contribuinte coletivo.

A minimização dos custos externos evita as discussões complicadas sobre o crescimento econômico, já que nelas se deve esclarecer qual setor econômico deve ou não crescer. Por exemplo, com relação

Pensamentos socioeconômicos sobre mediações históricas

ao setor das energias renováveis, não há inconveniente para estar a favor das inovações tecnológicas e de crescimento.

Embora Ellacuría não se refira de maneira explícita à minimização dos custos externos quando fala do crescimento econômico, tampouco os rechaçará, visto que tem consciência da escassez de recursos. Por isso, afirma que é impossível universalizar o estilo de vida dos países ricos, mesmo que tampouco seja recomendável "a reprodução" e "a amplificação significativa da ordem histórica atual" (Ellacuría, 1990/1993, 400). Certamente, não menciona as emissões que a ampliação da produção de muitos bens lançaria na atmosfera. No entanto, cabe recordar que este fenômeno começa a fazer parte do discurso público como resultado da proibição dos clorofluorcarbonos e dos debates sobre o aquecimento global, no final do século XX.

Quadro das mediações socioeconômicas da civilização da pobreza

Nesta seção, distingo o nível macro do micro, e utilizo as regras mencionadas anteriormente. No primeiro nível, analiso as configurações estatais e os arranjos supranacionais,[4] enquanto, no segundo, exponho quatro iniciativas não centralistas que, de fato, começaram a transformar a "civilização do capital e da riqueza" e abriram caminhos para aproximar-se da construção da civilização da pobreza.

O nível macro: os ajustes dos bens comuns

O pensamento econômico não é competência da teologia da libertação nem de nenhuma outra teologia, tal como o próprio Ellacuría

---

[4] É claro que nesse processo, as organizações da sociedade civil desempenham um papel determinante como grupos de pressão. No entanto, a resolução desta questão compete às instituições políticas com certa jurisdição para intervir.

esclareceu. Certamente, filósofos e teólogos podem indicar *o objetivo* (a margem de metas normativas, uma das quais, perante a civilização da pobreza, é a igualdade social) da configuração econômica. A mediação econômica necessita da participação e da competência profissional de economistas, identificados com a utopia e com a margem de suas metas normativas (Ellacuría, 1987/2000, 327; 1989/20000, 649). No entanto, Ellacuría não somente indica o *para onde* (as metas que a configuração deve alcançar), mas também indica o *como* (se devem configurar os sistemas econômicos).

Ellacuría refere-se em termos muito duros à apropriação privada dos bens comuns.

> Não é preciso a apropriação privada dos bens comuns para cuidar e desfrutar deles. Quando a doutrina social da Igreja, seguindo São Tomás, sustenta que a apropriação privada dos bens é a melhor maneira prática para que o destino comum primordial deles se cumpra de maneira ordenada, está fazendo uma concessão "à dureza de seus corações", mas "no princípio não foi assim". Somente pela avareza e pelo egoísmo, conaturais ao pecado original, se pode dizer que a propriedade privada de bens é a melhor garantia do avanço produtivo e da ordem social. Contudo, se o "onde abundou o pecado, superabundou a graça" vai ter verificação histórica, mister se faz anunciar utopicamente que uma terra nova, com homens novos, deve configurar-se com princípios mais altruístas e solidários. Os grandes bens da natureza (o ar, os mares e as praias, as montanhas e os bosques, os rios e os lagos, em geral, o conjunto dos recursos naturais para a produção, uso e desfrute) não precisam da apropriação de forma privada por parte de nenhuma pessoa individual, grupo ou nação e, de fato, são o grande meio de comunicação e convivência (Ellacuría, 1990/1993, 428-429).

Muitos bens públicos, *per definitionem*, bens que se caracterizam por possuir uma rivalidade baixa e uma difícil exclusão de uso, com o tempo se tornaram escassos e rivais, em perigo de superexploração, e foram considerados bens comuns ou comunais. Nas décadas de crescimento, caracterizadas pela elevada combustão de recursos fósseis e emissões abundantes, a atmosfera foi considerada como um "lixeiro gratuito para o CO_2, um produto secundário". Assim, pois, encontramo-nos diante do seguinte problema:

> Para alcançar a meta de 2 graus com mediana probabilidade, deveríamos depositar na atmosfera tão somente 750 bilhões de toneladas de dióxido de carbono. Também uma meta não tão ambiciosa só permite adicionalmente uns 100 bilhões de toneladas a mais. De fato, uma meta não tão ambiciosa, que só permite uns 100 bilhões de toneladas adicionais. Dados os 33 bilhões de toneladas de CO2 de emissões globais do ano 2010 – com tendência altista –, pode-se calcular com facilidade que o lixeiro ficará cheio em poucas décadas. Então, o uso de fornecedores fósseis de energia deveria ser globalmente limitado (Edenhofer, Flachsland y Lorentz, 2012, 475).

Por isso, os economistas inventaram o comércio dos direitos de emissão. Estes direitos de emissão, em forma de certificados, são adquiridos pelos governos e pelas empresas que desejam entrar no mercado. Devido à sua escassez – por exemplo, quando os governos ou outros atores, ou simplesmente novas empresas compram certificados –, seu valor aumenta, o que estimula as empresas a reduzirem suas emissões. Assim, pois, o negócio com os direitos de emissão enfatiza os processos de escassez, que transformaram os bens públicos em bens comuns. Partindo-se de uma perspectiva ideal, o comércio dos direitos de emissão corresponde às regras básicas já mencionadas. Por um lado, maximiza a igualdade social, compensando as regiões com poucas emissões. Desse modo, suas não emissões convertem-se em valor econômico. Por outro lado, significa um passo firme rumo à internalização dos custos externos que acompanham os processos de produção. Trata-se de custos externos ante os quais, via de regra, os mais pobres (os que menos produzem) estão mais indefensos e são mais vulneráveis.

Outro exemplo que se harmoniza com as duas regras é o acordo que o presidente do Equador, Rafael Correa, ofereceu à comunidade mundial. A proteção do Parque Nacional Yasuní implicava a não extração da jazida petrolífera (uns 850 milhões de barris), situada abaixo do referido parque. Em troca disso, a comunidade mundial faria transferências de compensação. Visto que a utilidade do parque é de todos, todos – toda a comunidade mundial – devem pagar um preço. O dinheiro seria administrado por um fundo fiduciário, tutelado pelo Programa das Nações Unidas para o Desenvolvimento. No conselho do fundo, haveria, entre outros, representantes do governo do Equador e da sociedade civil equatoriana. Os países industrializados e os doares privados pagariam ao Equador para conservar a alva e não extrair petróleo e, assim, proteger a atmosfera e a biodiversidade. O acordo serviria para que o Equador financiasse seu próprio desenvolvimento, sem recorrer a procedimentos com elevados níveis de contaminação e de emissões. Era uma oportunidade para a modernização, financiada com transferências. Em 2010, o governo equatoriano começou a definir o destino das entradas:

> Os fundos deverão servir para a transformação do setor energético equatoriano por meio do desenvolvimento de fontes alternativas de energia, para a restauração da natureza e o reflorestamento da Amazônia, para melhorar as condições de vida (desenvolvimento social sustentável), principalmente, da população amazônica e os investimentos na pesquisa de novas tecnologias (Acosta, 2012, 497).

O governo estimou que as contribuições dos governos e os doadores privados chegaram a representar a metade do dinheiro que produziria a extração do petróleo. Assim, a iniciativa Yasuní-ITT ficou condicionada a que o fundo alcançasse mais de 350 milhões de dólares (Acosta, 2012, 498).

O aumento do poder de negociação das sociedades e dos estados latino-americanos pode ser constatado em diversos níveis, principalmente, na negociação dos recursos naturais. Muitos países do hemisfério sul podem fazer uso dos recursos naturais – a água, a floresta etc. – para produzir benefícios. De igual modo, a distribuição do capital poderia ser possível por meio do uso de instrumentos políticos adequados e do *multi-scale approach* [abordagem multiescala] (Ostrom, 2010), de tal maneira que assegurassem o uso sustentável de bens comuns globais. De fato, os países do hemisfério sul já contam com uma valiosa base de negociação.

O nível micro: os enfoques comerciais e não comerciais

No nível micro, já se deram passos surpreendentes para se aproximar da maximização da igualdade social ($Rmax$) e da minimização dos custos externos ($Rmin$). Essas iniciativas devem ser avaliadas com variáveis de controle que, por um lado, especificam tanto a $Rmax$ quanto a $Rmin$. Assim, a maximização da ganância, o altruísmo e a promoção da igualdade são variáveis de controle da $Rmax$, ao passo que a minimização dos custos, a tolerância do preço e o consumo de recursos são variáveis da $Rmin$. A primeira variável de controle se refere aos oferecedores (O), a segunda aos demandantes (D), e a terceira à sociedade em geral (SG). A avalição das variáveis altruísmo e tolerância do preço se baseia em valorações normativas sólidas. *Por um lado*, considera-se menos estável um alto grau de altruísmo do que um baixo. Por conseguinte, a variável qualifica-se de maneira negativa. *Por outro lado*, a alta tolerância do preço parece ser positiva.

Jonas Hagedorn

Figura 1 – Enfoques comerciais e não comerciais do nível micro: lista de controle dos efeitos a respeito de Rmax e Rmin

	Enfoques comerciais		Enfoques não comerciais	
Rmax	Carsharing (Carro de autosserviço)	Comércio justo (Gepa – The Fair Trade Company)	Rede de intercâmbio (Hora de trabalho por hora de trabalho)	Software livre (Linux)
1. Maximizando a ganância – O	Sim	Sim	Não relevante	Não relevante
2. Altruísmo – D	Baixo	Alto	Depende	Baixo
3. Promovendo a igualdade – SG	Depende	Sim	Sim	Sim
Rmin				
1. Minimizando os custos – O	Sim	Não	Não relevante	Não relevante
2. Tolerância de preço – D	Depende	Alto	Não relevante	Não relevante
3. Consumo de recursos – SG	Decrescente	Igual	Igual	Igual

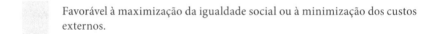
Favorável à maximização da igualdade social ou à minimização dos custos externos.

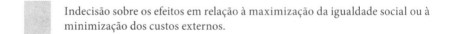
Indecisão sobre os efeitos em relação à maximização da igualdade social ou à minimização dos custos externos.

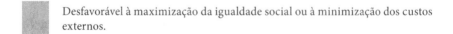
Desfavorável à maximização da igualdade social ou à minimização dos custos externos.

Estas avaliações devem ser entendidas como tendências. A seguir, farei breve referência às variáveis de controle e explicarei algumas de suas particularidades.

A maximização da igualdade social se contrapõe, em certa medida, à maximização da ganância e dos ofertadores. Esta contradição torna-se um problema quando determinados elementos do processo de produção não participam de forma adequada dos lucros, ou seja, os lucros criam-se à custa de terceiros. Obviamente, isto está diretamente relacionado com a R*min*. Em contraposição ao *Carsharing*, o modelo do comércio justo se baseia na maximização do lucro em benefício dos produtores primários. A vontade de maximizar o lucro não enriquece somente um setor da empresa. Nos enfoques não comerciais, a maximização do lucro não desempenha nenhum papel relevante.

Os enfoques comerciais e não comerciais são contrários aos valores altruístas. Em muitas ocasiões, a maximização contundente da utilidade individual é um fator que determina a decisão de participar no *Carsharing*. Em compensação, o consumo de produtos do comércio justo está bastante influenciado pelo altruísmo. Ainda mais quando não são bens de produção ecológica. O consumidor de produtos do comércio justo sabe que as condições de produção de bananas ou de blusas seguem determinados padrões do *social business* [empreendedorismo social] e que os trabalhadores das plantações na Guatemala ou os operários das máquinas de coser em Bangladesh não arriscam sua saúde e recebem salários mais jutos. Reciprocamente, em uma rede de intercâmbio, o altruísmo não aparece com clareza, mas depende dos "talentos" oferecidos. Assim, quem oferece uma competência que, no geral, tem um valor monetário alto no mercado de trabalho, por exemplo, a assessoria jurídica, põe à disposição um "talento", seja por motivos altruístas, seja porque lhe agrada a ideia solidária da rede de intercâmbio. Alguém com poucos rendimentos, porque sua competência no mercado não tem um equivalente monetário adequado, talvez participe da rede de intercâmbio por motivos egoístas. Ou seja, exige um serviço que, nas condições do mercado, não poderia financiar. No geral, a demanda de software livre responde a uma atitude muito egoísta, já que tem uma dupla utilidade, ao receber um produto gratuito de alta qualidade. Ademais, quando o código fonte está aberto e se pode programar e inclusive melhorar o programa para acomodá-lo às próprias necessidades, obtém-se uma terceira utilidade.

Os *enfoques não comerciais* (a rede de intercâmbio e o software livre) e o *enfoque comercial* do comércio justo promovem a igualdade social, em geral. O comércio justo redistribui a renda, porque os produtores primários da cadeia de produção de bens recebem um salário mais justo e mais alto do que o do mercado, e os consumidores desses produtos estão dispostos a pagar um pouco mais pelas bananas ou por outros bens. O comércio justo garante que o produtor primário local não seja explorado e, consequentemente, possa levar uma vida digna com seu trabalho. O consumidor não só está disposto a pagar um preço um pouco mais alto que o do mercado, mas também aceita menor qualidade, como, por exemplo, o "café solidário" da Nicarágua, que não pode competir com a qualidade do fornecedor e da torradeira convencional. As redes de intercâmbio, como a do software livre, promovem a igualdade social. No primeiro caso, os diplomas e os títulos não têm nenhuma importância, pois o que vale é a hora de trabalho. Ou seja, a hora de assessoria jurídica vale o mesmo que a hora do serviço de limpeza. No caso do software livre, não existem taxas pela licença de uso, o que permite fechar com mais facilidade a lacuna digital entre as nações pobres e as ricas.

A minimização dos custos da economia da empresa corresponde à maximização do lucro. Se a empresa minimiza seus custos porque, por exemplo, a margem de benefício e a elasticidade dos preços são limitadas, a probabilidade de terceirizar os custos é mais alta que no setor de *Carsharing*. Os ofertadores do comércio justo não buscam minimizar os custos, o que deteriora a situação dos outros integrantes do processo de produção de bens. Em compensação, os ofertadores de *Carsharing* desejam, antes de mais nada, manter o custo da frota de veículos no mínimo. Nos enfoques não comerciais, a minimização dos custos dos ofertadores não é relevante.

Tampouco a variável de controle da tolerância do preço desempenha um papel relevante nos enfoques não comerciais. Em

Pensamentos socioeconômicos sobre mediações históricas

contrapartida, a tolerância do preço dos demandantes do setor de *Carsharing* depende da frequência do uso e do preço dos ofertadores nos mercados convencionais de aluguel e de compra de automóveis. O usuário de *Carsharing* está disposto a pagar, por determinadas viagens, um preço mais alto do que o que pagaria se tivesse automóvel próprio, pois o custo do seguro e da manutenção é inexistente. No entanto, o preço não deve superar certo limite, porque, se isso acontecer, surgirá o estímulo para adquirir e conservar um veículo próprio. Por ouro lado, a tolerância do preço do comércio justo tende a ser muito elástica. Na medida em que o preço alto de um produto se justifique pelo benefício dos produtores primários locais, o consumidor estará disposto a pagá-lo.

Dos quatro enfoques mencionados, somente o *Carsharing* diminui o consumo de recursos. Na Alemanha e em outros países europeus, o automóvel já não é símbolo de status para as gerações jovens, visto que estas o usam na medida em que satisfaz sua necessidade individual de deslocamento, mesmo quando tenham de partilhá-lo com outros. Em uma metrópole com infraestrutura de transporte bem consolidada, o *Carsharing* satura mais rápido o mercado. Então, a demanda de automóveis se estanca e se torna regressiva, principalmente quando os oferentes se conformam com a renovação da frota a cada quatro ou cinco anos. Este modelo de negócio combina o deslocamento individual com a dimensão social.

Em resumo, todos os enfoques de nível micro de tendência são contrários ao estatismo e favorecem, paradigmaticamente, a organização privada e complexa, mas flexível, da comunidade. A partir da perspectiva das duas regras: a maximização da igualdade social e a minimização dos custos externos (R*max* e R*min*), o modelo de *Carsharing* tem o inconveniente de maximizar o lucro e minimizar os custos. Em todo caso, a particularidade e a fortaleza deste enfoque é o consumo decrescente de recursos limitados. Em compensação, o comércio justo é bem-sucedido se o altruísmo dos potenciais demandantes for alto. Contudo, se este diminui, ou se entra em conflito com o egoísmo – é o caso de um poder aquisitivo decrescente –, surge o conflito de objetivos, o qual ameaça este enfoque. Os enfoques não comerciais são os que melhor se ajustam às duas regras, mesmo quando não reduzem o consumo de recursos. Destes enfoques, o software livre, que faz parte do *open-access-commons* [áreas de livre acesso] e permite o uso geral e ilimitado, é uma solução compatível com as duas regras. Assim, pois, três dos enfoques mencionados – Carsharing, a rede de intercâmbio e o software livre – rompem a lógica e a dinâmica do *possessive individualism* [individualismo possessivo] (C. B. Macpherson).

Observações finais

Em seu artigo "Utopia e profetismo", Ellacuría enfatiza que

> sem profetismo, não há possibilidade de fazer uma concreção cristã da utopia e, consequentemente, uma realização histórica do Reino de Deus. Sem um exercício intenso e autêntico do profetismo cristão, não se pode chegar teoricamente e, muito menos, praticamente, à concreção da utopia cristã. Aqui, tampouco, a lei pode substituir a graça, a instituição a vida, o já estabelecido tradicionalmente a novidade radical do Espírito (Ellacuría, 1990/1993, 396).

Por conseguinte, Ellacuría eleva o profetismo a "método" das mediações históricas do Reino de Deus (Ellacuría, 1990/1993, 394), entendendo por profetismo "o contraste crítico do anúncio da plenitude do Reino de Deus com determinada situação histórica". Tal profetismo, escreve Ellacuría, exige "uma transformação radical" (Ellacuría, 1990/1993, 396, 414).

Na América Latina, onde já não existem movimentos revolucionários, em sentido estrito, e onde muitos países instauraram a democracia política e o Estado de direito, a simples crítica não conduz a lugar nenhum. As diferenças e complexidades das economias e das sociedades modernas não admitem respostas simples. Não obstante, não se deve menosprezar a necessidade do profetismo. Mesmo assim, a questão de como uma intervenção é escândalo e estorvo na atualidade permanece aberta. *Por um lado,* algumas pessoas comprometidas com movimentos sociais levantam profeticamente suas vozes e se opõem a projetos empresariais e estatais. *Por outro,* algumas pessoas, que se aperfeiçoam na atividade cotidiana, põem a nu as negociações ocultas entre os empresários e os deputados ou ministros, revelam as ações contrárias ao bem comum das instituições políticas, estudam o impacto social e ambiental, elaboram uma legislação fiscal mais justa e sugerem modificações à lei reguladora dos bancos. Todas elas pensam e atuam de maneira mais institucional do que profética. Os dois grupos são necessários. Além do mais muitas vezes há coincidências pessoais.

Certamente, na segunda parte do século XX, o profetismo e a teologia da libertação impulsionaram grandes mudanças na América Latina. Apesar disso, retrospectivamente, ao distanciar-se dos pensadores institucionais e legislativos, chamados, às vezes, pejorativamente de "pragmáticos setoriais", a referida teologia não favoreceu sua causa, muito menos a das mediações históricas. O profeta não pensa nas possibilidades reais, mas em denunciar aquilo que vai mal. Contudo, a denúncia firme, ao não oferecer margem para a negociação, corre o risco de não acertar, visto que coloca a meta demasiado distante ou reduz a complexidade da realidade, ficando enredada em um "romantismo social", com o qual consegue pouco ou nada. O institucional, ao buscar a modificação pragmática daquilo que é possível, corre o risco de perder-se nos compromissos e de resignar-se perante a complexidade dos problemas, perdendo de vista o horizonte utópico. Por conseguinte, ambas as atividades, a profética e a institucional (vinculada à utopia), devem entender-se a si mesmas como complementares. Do mesmo modo que sem o profetismo não há possibilidade para concretizar a utopia, tampouco haverá sem a abordagem pragmática e realista. Este aparente dualismo deve ser superado.

A utopia exige a unidade de ambas as análises.[5] Dadas as condições atuais, o profetismo, sem a contribuição pragmático-realista, é como uma "espada sem gume". Trata-se de que o pragmático seja útil aos fins utópicos. A partir da perspectiva das mediações econômicas da década de 1970 (a reforma agrária) e das mediações políticas da década de 1980 (a negociação para pôr fim à guerra), o próprio Ellacuría é um bom exemplo da supramencionada complementaridade.

Talvez o mesmo argumento utilizado para exigir mudanças estruturais na Igreja seja também válido para que as mediações socioeconômicas tornem possível a civilização da pobreza. As mudanças só se produzem a partir de dentro. Na Alemanha da década de 1920, tanto os sindicatos cristãos quanto os socialistas justificaram sua opção por uma via dentro do modelo capitalista; ao mesmo tempo, assumiram uma postura crítica diante dele, com o argumento de que "é melhor ter a cabeça e o dedo metidos no meio da economia do que ficar fora dela, com o punho erguido".[6]

Identifico-me, sem reservas, com a utopia de Ellacuría, mas penso que seja necessário responder à questão de como aproximar-se da utopia, de como converter o "não lugar" em um "topos" historicamente experimentável. Isto só é possível se se abandonam as posturas ideologizadas e se se forja uma abertura à pluralidade de possibilidades. Isto é o que tentei esboçar, nestas páginas, a partir da perspectiva socioeconômica. Vinte e cinco anos depois do assassinato de Ellacuría, os novos meios de comunicação criaram novas

---

[5] Ellacuría fez muito para superar o dualismo histórico-salvífico – de um lado, a "terra" e, do outro, o "céu"; de um lado, a "história profana", do outro, a "história sagrada". A superação influenciou a teologia latino-americana de modo duradouro. Na insistência de Ellacuría na dialética entre pobreza e riqueza, socialismo e capitalismo, profético e pragmático, aparece um dualismo que se encontra em uma contradição peculiar com a superação dos dualismos no âmbito teológico.

[6] Citado em Thum (1991, 122). Curiosamente, os teólogos da libertação parecem ter-se inclinado a Marx e aos epígonos do marxismo, desconhecendo o desenvolvimento da obra daquele por parte dos teóricos social-democratas (por exemplo, Rudolf Hilferding), que se consideravam profundamente socialistas, mas que concluíram "que a estrutura do capitalismo, em si mesma, é transformável, e que o capitalismo, em vez de ser *rompido*, pode ser *dominado*" (Naphtali, 1928, 12).

possibilidades de superar as fronteiras nacionais, de inventar novas formas de participação e de fazer economia. A esperança consiste em poder avançar com sua ajuda rumo à maximização da igualdade social e à minimização dos custos externos.

Referências

ACOSTA, Alberto (2012). Die komplexe Konstruktion der Utopie. Ein Blick auf die Initiative Yasuní-ITT. In: HELFRICH, Silke; HEINRICH-BÖLL-STIFTUNG (ed.). *Commons. Für eine neue Politik jenseits von Markt und Staat*, 493-499. Bielefeld.

EDENHOFER, Ottmar; FLACHSLAND, Christian; LORENTZ, Bernhard (2012). Die Atmosphäre als globales Gemeingut. In: HELFRICH, Silke; HEINRICH-BÖLL-STIFTUNG (ed.). *Commons. Für eine neue Politik jenseits von Markt und Staat*, 473-478. Bielefeld.

ELLACURÍA, Ignacio (1987/2000). Teología de la liberación frente al cambio socio-histórico en América Latina. In: Id. *Escritos teológicos*, I, 313-345. San Salvador.

_____ (1989/2000). En torno al concepto y a la idea de liberación. In: *Escritos teológicos*, I, 629-657. San Salvador.

_____ (1990/1993). Utopía y profetismo. In: Id. *Mysterium Liberationis*, I, 393-442. San Salvador.

NAPHTALI, Fritz (1928). *Wirtschaftsdemokratie. Ihr Wesen, Weg und Ziel*. Berlim.

NUSSBAUM, Martha (1990). Aristotelian Social Democracy. In: DOUGLASS, R.; BRUCE, Mara, GERALD, M.; RICHARDSON, Henry S. (ed.) *Liberalism and the Good*, 203-252. Nova York, Londres.

_____ (1992). Human Functioning and Social Justice: In Defense of Aristotelian Essentialism. In: Id. *Political Theory*, 20, 2, 202-246.

_____ (1998). The Good as Discipline, the Good as Freedom. In: CROCKER, David A.; LINDEN, Toby (ed.). *Ethics of Consumption: The Good Life, Justice, and Global Stewardship*, 312-341. Lanham.

_____ (2000/2006). *Women and Human Development: The Capabilities Approach*. Cambridge.

_____ (2003). Capabilities as Fundamental Entitlements: Sen and Social Justice. In: Id. *Feminist Economics* 9/2-3, 33-59.

_____ (2006/2007). *Frontiers of Justice. Disability, Nationality, Species Membership*. Cambridge.

OSTROM, Elinor (2010). A multi-scale approach to coping with climate change and other collective action problems. In: Id. *The Solutions Journal*, 1, 2.

RAWLS, John (1971). *A Theory of Justice*. Cambridge.

THUM, Horst (1991). *Wirtschaftsdemokratie und Mitbestimmung. Von den Anfängen 1916 bis zum Mitbestimmungsgesetz 1976*. Köln.

Confiança, coragem, compromisso e liderança:

é possível um tipo de universidade diferente nos Estados Unidos?

David Ignatius Gandolfo

Ignacio Ellacuría foi um dos maiores colaboradores para a reflexão filosófica e teológica sobre a libertação, corpos de pensamento que desfazem a distinção entre teoria e prática e que têm fortes implicações para a conduta pessoal *e* institucional. As duas intuições que definiam a vida de Ellacuría eram a Igreja e a universidade – este ensaio concentra-se na última. Durante vinte e dois anos, até sua morte em 1989, Ellacuría deu contribuições decisivas para a criação e liderança de uma universidade construída sobre as intuições fornecidas pela teologia e filosofia da libertação. A Universidade Centro-americana (UCA) tornou-se um modelo para universidades que levam a sério sua responsabilidade de tornar indispensáveis suas contribuições

David Ignatius Gandolfo

para construção de um mundo mais justo. A visão de Ellacuría de uma universidade que atua no serviço às necessidades humanas é rica e complexa. Tem-se revisto tal visão em profundidade e nuança alhures.[1] Aqui, sublinharemos aspectos decisivos do modelo da UCA e, em seguida, exploraremos os modos pelos quais este modelo, criado em um contexto de extrema e violenta polarização, pode ser aplicável em diferentes contextos de universidades nos Estados Unidos.

O modelo de universidade de Ellacuría: visão e fundamentação lógica

Consideremos, em primeiro lugar, a missão da universidade no modelo de Ellacuría.[2] Esta missão é a de uma mudança sócio-histórica

---

[1] A partir da nota 2, abaixo, cf. o capítulo de Whitfield, os textos de Brackely e meu texto.

[2] Os escritos de Ellacuría sobre a universidade estão reunidos de maneira útil em *Escritos universitários* (UCA Editores, 1999). Dos 14 fragmentos ali reunidos, os seis que considero indispensáveis para se obter uma apreciação da visão de Ellacuría são: Discurso da Universidade Centro-americana "José Simeón Cañas", na assinatura do contrato com o Banco Interamericano de Desenvolvimento [1970/1971] (p. 19-26), Dez anos depois, é possível uma Universidade diferente? [1975] (p. 49-92), Funções fundamentais da universidade e sua operacionalização [1975] (p. 105-168), Universidade e política [1980] (p. 169-202), "Universidade, direitos humanos e maiorias populares [1982] (p. 203-220), e O desafio das maiorias populares [1989] (p. 29-306).
Traduções inglesas dos três primeiros textos estão disponíveis em John Hassett e Hugh Lacey, *Towards a Society That Serves Its People: The Intellectual Contribution of El Salvador's Murdered Jesuits* [Rumo a uma sociedade que serve a seu povo: a contribuição intelectual dos jesuítas assassinados em El Salvador] (Georgetown, 1991). Os três fragmentos são O desafio da maioria pobre (p. 171-176), É possível um tipo de universidade diferente? (p. 177-207) e A universidade, os direitos humanos e a maioria pobre (p. 208-219).
O livro de Teresa Whitfield, *Paying the Price: Ignacio Ellacuría and the Murdered Jesuits of El Salvador* (Temple, 1995), especialmente no capítulo 8 (p. 231-258), é bastante útil para compreender o desenvolvimento e a complexidade do modelo da UCA.
Dean Brackley, sj, singularmente colocado como um dos que conheceram intimamente tanto a UCA quanto as universidades americanas, tem dois textos importantes sobre quais lições as universidades americanas podem aprender da UCA: "Padrões mais elevados para educação mais elevada: a universidade cristã e a solidariedade [1999]", disponível no site da Universidade Creighton: <http://onlineministries.creighton.edu/CollaborativeMinistry/brackley.html>, e *The University and Its Martyrs: Hope from Central America* (San Salvador: Centro Monseñor Romero, 2004).
Ao leitor para o qual é completamente novo o tópico da visão de universidade de Ellacuría, eu recomendaria começar com seu texto "Is a Different Kind of University Possible?" [É possível um tipo diferente de universidade?]; em seguida, os textos de Brackely e o capítulo de Whitfield. Eu também escrevi anteriormente sobre este tópico: Uma função para os privilegiados? Solidariedade e a universidade na obra de Ignacio Ellacuría e de Paulo Freire, *The Journal for Peace and Justice Studies*, v. 17, n. 1 (2008), p. 9-33.

em favor da igualdade e da justiça, exigida para superar a opressão e mover-se em direção a uma realização mais completa da dignidade humana. Um tipo diferente de universidade é a que "por sua própria estrutura e seu verdadeiro papel como universidade está *verdadeiramente comprometida em opor-se a uma sociedade injusta e em construir uma nova*".[3] A "importância definitiva" de uma universidade e "o que ela é, na realidade", é "seu impacto sobre a realidade histórica na qual ela existe e à qual ela serve".[4] Ellacuría insistia em que o pobre, o marginalizado, o oprimido devem ser o horizonte da atividade da universidade:[5] tudo o que a universidade realiza deve estar voltado para a consciência do fato de que a maioria da humanidade está desumanizada pelas condições de pobreza, marginalização e opressão, e responder a tal fato: O que a universidade tem a dizer quando se vê face a face com tais feridas?

Ellacuría identifica o tipo específico de impacto que a universidade deveria ter sobre a realidade histórica quando ele afirma sem rodeios que

> a universidade deveria não apenas se dedicar formal e explicitamente a fazer com que os direitos fundamentais das maiorias pobres sejam respeitados tanto quanto possível, mas deveria até mesmo ter a libertação e o desenvolvimento de tais maiorias como o horizonte teórico e prático de suas atividades estritamente universitárias, e deveria agir assim preferencialmente.[6]

O objetivo de uma universidade deveria ser resolver o complicado problema da "consecução, por parte da maioria pobre, tanto dos padrões de vida suficientes para responder às suas necessidades básicas de modo decente quanto do mais alto grau de participação nas decisões que afetam seu próprio destino e o da sociedade como um

---

[3] Is a Different Kind of University Possible?, op. cit., p. 177, ênfase acrescentada. Esta obra será citada como DKU.

[4] DKU 178.

[5] DKU 180.

[6] The University, Human Rights and the Poor Majority, op. cit., p. 209. Esta obra será citada como UHRPM.

todo".[7] Em outras palavras, além do empoderamento dos pobres em sua busca por um padrão de vida digno, o escopo da atividade universitária deve ser reforçar o poder do esforço deles como participantes *dinâmicos* na sociedade, "assegurando-lhes o lugar adequado no processo político e econômico".[8]

Desse modo, o tipo diferente de universidade que Ellacuría buscava criar é o que tem um compromisso real e substancial com os pobres e oprimidos, pessoas que constituem a vasta maioria da humanidade. Como isto pode ser justificado? Ellacuría defende seu modelo baseando-se não em razões morais, como se poderia esperar, mas em fundamentos ontológicos. Ele sustenta que a universidade deve estar focada nos pobres e oprimidos *se quiser permanecer fiel a seu papel como universidade.*

É útil organizar a concepção de universidade de Ellacuría a partir de uma reivindicação acerca da disposição fundacional da universidade e, em seguida, de três pontos cardeais interligados, ao redor dos quais ele orienta sua visão da universidade.

A disposição fundacional da universidade é o que Ellacuría chama de "projeção social"; tudo o que a universidade faz é mantido por ela e a apoia. A projeção social implica duas direções: a) o reconhecimento, por parte da universidade, de sua necessidade e responsabilidade de inserir-se (seu conhecimento, sua pesquisa, seu ensino) *eficazmente* na sociedade; b) o reconhecimento, por parte da universidade, de sua necessidade e responsabilidade de permitir que as necessidades da sociedade penetrem e permeiem a universidade, determinando-lhe o currículo e a pesquisa. A projeção social é, portanto, o compromisso de que a universidade será importante para as necessidades reais da sociedade.

Ellacuría normalmente apresenta a projeção social como uma das três áreas de atividade apropriadas à universidade, juntamente com

---

[7] UHRPM 211-212.
[8] UHRPM 214.

o ensino e a pesquisa, mas a projeção social é claramente a primeira entre iguais.

> [Uma] universidade realiza sua natureza política [*politicidade*] de maneira apropriada a uma universidade quando, dentre suas várias funções – ensino, pesquisa e projeção social –, dá prioridade à projeção social, de modo que a última determine as outras, embora ela também seja, por sua vez, determinada por elas.[9]

> Esta projeção social... não é algo separado das outras duas funções fundamentais da universidade. Ela pressupõe o ensino como sua base de apoio; de igual modo, pressupõe a pesquisa como o iluminador fundamental de sua tarefa. Mas ela se torna o regulador destes...[10]

Por essa razão, é mais útil conceber a projeção social não como outra das atividades da universidade, mas como a disposição fundacional da universidade. Ademais, o relacionamento entre a projeção social e as atividades universitárias canônicas de pesquisa e de ensino não é simples: por exemplo, a projeção social depende da pesquisa para determinar as reais necessidades da sociedade; mas o compromisso fundacional, parte da projeção social, é que a pesquisa será focalizada em determinar as verdadeiras carências da sociedade e as soluções para tais deficiências.

> Deve-se enfatizar que o conhecimento e a expertise que não respondem ao que uma sociedade é, aqui e agora, em sua inteireza, especialmente quando esta sociedade sofre deficiências fundamentais, não são [o tipo de] conhecimento adequados a uma universidade.[11]

O conhecimento teórico e prático desenvolvido e acumulado em uma universidade não é para benefício próprio, mas para o bem da sociedade, para o bem comum. Isto é ainda mais evidente em uma consideração do objetivo da projeção social que, como a pedra

---

[9] Universidad y política, op. cit., p. 186. Esta obra será citada como UyP.
[10] UyP 189.
[11] UyP p. 184.

angular de todo o edifício universitário, "prioriza a radical transformação da des-ordem estabelecida e da injustiça estrutural".[12]

Sobre esta disposição fundacional, a visão de Ellacuría modela-se em torno de três pontos cardeais relacionados à natureza de uma universidade. Em primeiro lugar, a universidade faz parte inextrincavelmente da sociedade. Em segundo lugar, dentro da divisão social do trabalho, o que cabe à universidade como suas tarefas particulares são a pesquisa e propagação da verdade. Estas tarefas são levadas a cabo nas atividades canônicas da universidade do ensino e da pesquisa. Por fim, sob as condições atuais da sociedade, que são conhecidas da universidade por meio de sua pesquisa, a busca pela verdade leva inevitável e apropriadamente a uma opção preferencial pelos marginalizados. Vamos examinar estas dimensões essenciais da universidade e de seus relacionamentos com mais detalhes.

Em primeiro lugar, a universidade faz parte da sociedade. Mais tecnicamente, a universidade faz parte da realidade sócio-histórica, isto é, a parte da realidade que os humanos criaram. A parte humana da realidade é inteiramente social, inteiramente histórica, porque é formada por seres sociais ligados temporariamente. Todas as instituições humanas estão condicionadas por esta proveniência e são, portanto, indestrinçavelmente, sociais e históricas. Semelhantemente, elas são todas políticas porque, inevitavelmente e por sua natureza como entidades sociais, afetam e são afetadas pela organização da sociedade em geral e pela distribuição do poder na sociedade em particular.

> O político [*politicidade*] é um fato e também uma necessidade. Por "aspecto político da universidade" entendemos, provisoriamente, o fato e a necessidade de ser modelada... pela realidade sociopolítica na qual ela existe, e o fato e a necessidade de modelar... esta realidade sociopolítica.[13]

---

[12] UyP, 186.
[13] UyP 171.

Em outras palavras, não é possível que uma universidade (ou qualquer outra instituição) NÃO seja política. O importante é que seja *apropriadamente* política, política de tal forma que seja fiel à sua identidade como universidade.[14]

O segundo ponto cardeal que orienta a visão que Ellacuría tinha da universidade é este: o propósito essencial da universidade dentro da sociedade humana é a busca e a propagação da verdade. Conforme acabamos de ver, a universidade está inevitavelmente implicada nos processos de organização e mudança social. A questão, defende Ellacuría, não é se a universidade deveria envolver-se em ocupações políticas, mas como ela deveria ou não fazer isso, dada a sua identidade específica como universidade. A universidade deve estar interessada em descobrir a verdade acerca da realidade, revelando a verdade à sociedade e mantendo todos, especialmente os poderosos, responsáveis pela verdade.

Portanto, o jeito apropriado de a universidade ser política é "universitariamente" – fazendo o que uma universidade, de acordo com sua identidade, deveria fazer, ou seja, focalizar seu ensino, sua pesquisa, seus institutos e suas publicações na verdade da realidade vivida das pessoas, hoje, cuja maioria é pobre devido a estruturas opressivas que estão fora de seu controle. Os resultados da pesquisa focalizada nas necessidades reais da sociedade mostram que o *status quo* é injusto, e que o ensino, a pesquisa e a projeção social da universidade assumem um lugar dentro do horizonte deste conhecimento.

Nesta visão, a responsabilidade da universidade perante a verdade acerca da realidade não é a da descoberta e da disseminação apenas. De acordo com a teoria da inteligência de Ellacuría, a busca e a propagação da verdade estão adequadamente orientadas rumo à ação pela transformação da realidade. O propósito de nossa inteligência é apreender a realidade, inclusive as possibilidades latentes nela, avaliar os futuros possíveis que poderiam ser realizados por várias

---

[14] DKU 178-79.

ações, decidir quais daquelas possibilidades deveriam ser trabalhadas, a fim de realizar e imaginar os melhores caminhos para realizar o futuro que se escolheu. Dessa forma, os seres humanos trabalham com e dentro da realidade para produzir nova realidade.

Por conseguinte, Ellacuría está apto para alegar que fazemos parte da realidade responsável pelo ulterior desenvolvimento da realidade; somos aquilo que ele, seguindo Zubiri, chama de realidade animal. A meta da realidade animal, na medida em que assumimos nossa responsabilidade pelo futuro, é a ulterior humanização da realidade.[15]

A universidade deve conservar-se com um "lugar de liberdade". Aqui, Ellacuría não tem em mente o valor acadêmico da maior importância que é a liberdade de investigação, mas, antes, uma "liberdade prévia [e mais] fundamental, que é adquirida mediante luta contínua pela liberdade da estrutura social existente".[16] A universidade não pode ser fiel à sua essência se ela estiver apenas treinando pessoas para assumirem posições nas estruturas sociais existentes. Ela deve também conservar o espaço para a crítica àquelas estruturas, expondo-as a um escrutínio crítico e visando a novas estruturas que responderiam aos problemas revelados em tais investigações e moveriam o mundo na direção de uma justiça maior. A ênfase na visualização de estruturas sociais novas, justas, não opressoras, afirmadoras da vida é uma parte vital da atividade universitária.

> Crítica e dilaceramento não bastam; uma crítica construtiva que ofereça uma alternativa real é também necessária... Não devemos apenas desmascarar a armadilha ideológica neste maremoto de ideologia. Devemos também produzir modelos que, em um fecundo intercâmbio entre teoria e prática, possam realmente gerar ideais tendentes a estimular... a tarefa de construção da história.[17]

---

[15] Com isto, Ellacuría não tem em mente um forte antropocentrismo que privilegia os humanos contra outras espécies, mas, de preferência, um antropocentrismo fraco, que reconhece a centralidade da ação humana na construção de um mundo melhor – que tal mundo precisa ser administrado de forma a respeitar a complexidade de um futuro sustentável, e não unicamente o interesse dos seres humanos, é algo que a inteligência humana está aprendendo e deve aprender.

[16] UHRPM 216.

[17] The Challenge of the Poor Majority, op. cit., pp. 173-174. Esta obra será citada como CPM.

Por fim, o terceiro ponto cardeal que orienta a visão de Ellacuría da universidade é que o papel desta como universidade condu-la na direção de uma opção preferencial pelos marginalizados. Na visão de Ellacuría, os pobres e oprimidos são *o horizonte da atividade universitária*, que fundamenta todos os outros aspectos da missão da universidade. Tudo o que a universidade faz assume lugar dentro de uma consciência da evidente injustiça do mundo tal como está estruturado atualmente. O "ponto de vista definitivo e o propósito mais profundo" da universidade é a realidade na qual ela existe. Tal realidade é social e histórica; por conseguinte, a universidade deveria estudar a sociedade, tal como está atualmente estruturada, e a história que a conduziu à sua estrutura atual. Quais são as causas dessa realidade? Qual é sua importância moral? Quais são as possibilidades latentes nela? Quais dessas possibilidades deveriam ser realizadas e quais os obstáculos para a realização de tais possibilidades? A universidade, dada a sua missão de buscar a verdade, encontra-se em uma posição única para examinar as forças e as fragilidades das respostas possíveis a tais questões. Os resultados dessas investigações mostram que a sociedade está fundamentalmente dividida, e seus diversos lados têm interesses contrastantes. Em tal situação, a universidade deve assumir lados. E embora isto possa parecer uma traição à missão da universidade de buscar a verdade, não o é. Em primeiro lugar, em uma situação dividida, na qual diferenciais de poder fazem parte da divisão, é impossível não assumir lados: não assumir lados é pôr-se automaticamente do lado dominante. Em tal situação, a universidade tem apenas duas opções: Ela irá trabalhar por um futuro em que continue a opressão ou por um futuro que lhe ponha fim? – não há meio-termo entre manter as estruturas correntes e transformá-las. A universidade, em sua busca pela verdade, deve ser livre e objetiva, "mas a objetividade e a liberdade podem exigir assumir lados. [A UCA está] livremente do lado da maioria popular porque esta é injustamente oprimida, e porque a verdade da situação está dentro dela...".[18] Ser objetiva significa ser verdadeira para com o objeto sob estudo. O objeto de estudo com que a universidade está preocupada é a realidade. Ser fiel à nossa tarefa de humanizar a realidade, quando o estudo da realidade mostra que ela é opressora, significa trabalhar para pôr fim à opressão.

O desafio de Ellacuría às universidades nos EUA: problemas e possibilidades

É possível um tipo diferente de universidade nos Estados Unidos hoje? O modelo de Ellacuría foi desenvolvido no contexto salvadorenho da distribuição largamente desigual da riqueza e da repressão violenta dos pobres e de seus aliados a fim de manter um *status quo* injusto. Confrontado com esta realidade, Ellacuría e seus colegas organizaram a UCA de tal forma que a atividade dela assumisse um lugar dentro do horizonte desse conhecimento. Hoje, a realidade na qual se situam as universidades americanas, local e globalmente, não é menos injusta do que a de El Salvador nos anos 1980 (por mais invisível que a injustiça social e econômica seja para os privilegiados e poderosos). Encarregar essas universidades da tarefa de nominar a realidade como fundamentalmente injusta – um componente constitutivo do modelo de Ellacuría – será difícil, mas não menos crucial.

O reconhecimento de que o *status quo* é injusto não pode ser obtido apenas da pesquisa. A pesquisa pode objetivamente mostrar que a distribuição dos recursos, da riqueza, da oportunidade e do poder é desigual e que o nível de desigualdade está crescendo a níveis raramente vistos. No entanto, a alegação posterior, normativa, de que esta desigualdade é injusta, precisa de uma teoria da justiça e, no fim das contas, de uma concepção da dignidade humana que a fundamente. Sob as condições extremas que existiam na UCA, nos anos 1970 e 1980, a anuência em que o *status quo* era injusto era mais

---

[18] CPM 175.

fácil de obter, porque não se tinha a extravagância do debate infindo. A repressão severa tocava diretamente os estudiosos, não porque os estudiosos fossem inerentemente vulneráveis, muito pelo contrário: por causa das decisões que aqueles acadêmicos tomaram para conduzir sua pesquisa a partir de dentro do horizonte dos marginalizados.

Nas universidades americanas, hoje, é consideravelmente mais duro chegar a conclusões provisórias que possam durar suficientemente para orientar decisões tão importantes e disputadas como o conteúdo do *curriculum* e do foco da pesquisa na faculdade. Essas universidades gostam de ver a si mesmas como modeladoras dos futuros forjadores da sociedade, mas somos muito relutantes em delineá-los para modelarem a realidade de forma específica. Fazer progressos nesta área será extraordinariamente difícil. Contudo, gostaria de oferecer algumas indicações contra as quais o progresso poderia ser medido.

Primeiramente, mesmo os fatos objetivos acerca da desigualdade, inclusive a história que nos trouxe à atual distribuição da riqueza e do poder no mundo, não são bem conhecidos – há muito trabalho a ser feito para alcançar este primeiro nível decisivo, indispensável, na propagação da verdade. Como um incremento no conhecimento, isto é claramente *uma* busca legítima da universidade. No entanto, se tem de ser uma das buscas *prioritárias* da universidade, precisa de apoio adicional: estudantes não graduados não podem estudar tudo – por que uma porção não pequena de sua educação deveria ser devotada à compreensão da distribuição desigual da riqueza e do poder? Por que a educação universitária de jovens apaixonados pela realidade deveria incluir uma compreensão da desigualdade? Aqui, as intuições do ponto de vista da epistemologia são úteis.[19] À medida que colegas

---

[19] Cf. Nancy Hartstock, The Feminist Standpoint: Developing the Ground for a Specifically Feminist Historical Materialism. In: Sandra Harding e Merrill B. Hintikka (eds.). *Discovering Reality* (Dordrecht: Kluwer Academic Publishers, 1983): 283-310; Sandra Harding, Rethinking Standpoint Epistemology: What is "Strong Objectivity"? In: Id. *Feminist Epistemologies* (Routledge, 1993): 49-82; e Harding (ed.). *The Feminist Standpoint Theory Reader: Intellecutal and Political Controversies* (New York: Routledge, 2004).

estudantes estão chegando a uma compreensão da realidade, o lugar deles nela e suas possibilidades rumo a ela, o que é mais apropriado é o tipo de conhecimento que mostrará o que precisa ser feito na construção de um mundo mais justo, mais humano. O conhecimento disponível nas margens é precisamente tal conhecimento. A partir das margens, podemos ver coisas difíceis de ver a partir do centro, difíceis por diversas razões, sendo a principal dentre elas o fato de os poderosos, que constituem o centro, não quererem que estas coisas sejam vistas e, portanto, tentarem ativamente escondê-las. O interesse dos que estão no centro é preservar o *status quo*. Na medida em que o *status quo* é visto como legítimo, sua preservação torna-se mais fácil. A simples existência de grandes números de pessoas marginalizadas põe em questão tal legitimidade, tornando questionável a supostamente inquestionável superioridade do *status quo*; por conseguinte, o centro tentará ocultar os marginalizados.

Contudo, para quem deseja construir um futuro melhor, mais justo, mais humano e mais humanizante, é necessária justamente a consciência de que a opressão existe: se quisermos criar um mundo com menos opressão, devemos focalizar os oprimidos. A visão a partir das margens é precisamente o que é necessário para o conhecimento do que é preciso ser feito para construir um futuro melhor. Assim, enquanto os poderosos quererão esconder essa visão, os justos devem buscá-la ativamente. Portanto, temos não simplesmente uma consciência da importância da perspectiva marginal, mas um mandato a buscá-la preferencialmente.

Agora, naturalmente, alegações normativas foram introduzidas na discussão do ponto de vista da epistemologia. Não se pode definir um mundo melhor como aquele com menos opressão, a menos que se creia que os humanos não devem ser oprimidos, e tal crença exige, ademais, um compromisso com a ideia da dignidade humana. Mas há aspectos importantes do ponto de vista epistemológico que não precisam depender de alegações normativas. Se se aceita que aquele que ama a realidade precisa conhecer tanto quanto possível a respeito do *status quo*, a fim de desempenhar sua responsabilidade na decisão da direção futura da realidade, então aquelas partes do *status quo* que tendem a ser encobertas pelos membros poderosos desse *status quo* deveriam receber atenção especial. Dito isso, os tipos de alegações normativas introduzidas anteriormente não são estranhas, e talvez a universidade devesse orgulhosamente declará-las como a bandeira que orienta sua academicidade:

• Toda pessoa tem dignidade inerente e inalienável.

• A sociedade deveria ser estruturada de tal forma que todas as pessoas tivessem a oportunidade de alcançar a plenitude de sua humanidade.

• A plenitude da humanidade de alguém consiste na consecução de uma influência forte, e no reconhecimento de uma responsabilidade tanto de saber o que se está passado quanto de contribuir para tornar o futuro mais justo. Deve-se tomar consciência da própria responsabilidade de ser responsável e, portanto, da própria responsabilidade de saber qual é a situação.

Uma segunda indicação contra a qual podemos medir o progresso das universidades americanas é o grau a que chegamos para alcançar uma consciência bem maior da conexão entre os próprios compromissos normativos e as próprias conclusões acerca da situação do mundo. A partir de uma consciência extensa da vasta desigualdade que existe, as universidades poderiam estar fazendo muito mais na investigação de como as várias teorias de justiça e as diversas análises da dignidade humana julgariam o *status quo*. Podemos alcançar um nível bem maior de reflexão e de discussão a respeito do que constituiria uma sociedade justa e de como a construímos.

Uma terceira indicação: as universidades americanas deveriam estimular maior consciência de como as orientações 1 e 2 estão dentro da intenção de legitimar a atividade universitária: a busca da verdade exige saber o que está acontecendo em nosso mundo hoje, e na medida em que certas partes interessadas buscam acobertar determinados fatos, atenção especial deve ser dada a esses fatos. Conhecer a realidade, estudar os diversos interesses dos diversos grupos que constituem o *status quo* (principalmente *vis-à-vis* à manutenção do *status quo*), conhecer as possibilidades de mudança latentes no *status quo*, avaliar esses futuros possíveis de acordo com os critérios das diversas visões da dignidade humana – estas são buscas universitárias legítimas.

Uma quarta indicação: as universidades americanas deveriam incentivar uma difusa consciência da responsabilidade que toda pessoa tem de julgar o *status quo*, de conhecer a própria visão para um mundo melhor, de interessar-se pelos vários passos possíveis que poderiam levar-nos até lá, e discerni-los. Este passo transgride o terreno normativo, visto que faz reivindicações acerca do que cabe à responsabilidade. Mais uma vez, as reivindicações normativas não são estranhas, e talvez devêssemos proclamá-las.

Apesar do argumento de Ellacuría de que a nova universidade deveria estar comprometida com a justiça social em decorrência de uma preocupação com a verdade, é impossível evitar compromissos avulsos, mais controversos, que fundamentam a nova universidade. De modo particular, a nova universidade está fundamentada em uma concepção da dignidade humana que vê os humanos necessariamente como agentes de seus próprios destinos, e exige que esta concepção seja aplicada a todos os seres humanos. Esta é uma posição defensável, razoável, mas não necessariamente aceita por todos. Haverá aqueles que objetarão, de modo sociodarwinista, que nem todos os seres humanos são aptos para a intervenção, ou que a intervenção de muitas pessoas só é adequada para decisões pequenas, pessoais, não para as decisões políticas mais amplas acerca da direção para a qual a realidade deveria ser tomada. Todavia, como a universidade americana trata desta controvérsia na sala de aula, ela pode insistir, com base em sólidas razões pedagógicas, que seus estudantes, através de horas de serviço, de cursos de aprendizagem de serviços etc., conseguem conhecer as pessoas a respeito das quais eles estão formando suas conclusões. Quando os estudantes conhecem as histórias de alguns dos marginalizados, eles podem começar a apreciar e a decidir por si mesmos a possibilidade de que estruturas injustas limitaram injustamente as oportunidades de sucesso, e que os marginalizados, portanto, poderiam não ser ontologicamente inaptos para a intervenção forte, mas apenas desfavorecidos de oportunidades.

As universidades americanas contemporâneas carecem de confiança. Não temos confiança de que podemos e deveríamos ter respostas aos desafios sociais, e que devemos buscar meios de inserir eficazmente dentro da sociedade o conhecimento daquelas respostas. Não estamos confiantes de que estamos dando contribuições únicas e importantes para a sociedade, e que temos o direito de esperar sério reconhecimento. Internalizamos a zombaria acumulada sobre os acadêmicos, por parte de nossa sociedade, de que são pessoas fora da realidade – devemos reconhecer nossa responsabilidade de estar em contato com a realidade (de assumirmos seu peso) e precisamos insistir confiantemente em que estamos, de fato, em contato com aspectos importantes da realidade e, portanto, tempos ideias indispensáveis para contribuir com as soluções de seus problemas.

Falta-nos confiança em nossas conclusões, e essas conclusões deveriam guiar nossas vidas. Sabemos a respeito do nível imenso de desigualdade no mundo – não honramos confiadamente essas conclusões e não permitimos que modelem nossas vidas e nossas instituições. Do ponto de vista individual, e especialmente institucional, ainda não temos sido suficientemente reflexivos quanto ao sentido e à responsabilidade de uma instituição que promove a dignidade humana, enquanto também é uma ilha de privilégio em um mar de inumanidade. Estamos preocupados com os desafios a que tal reflexão levaria.

Precisamos de coragem – não a coragem que foi necessária para continuar perante os esquadrões da morte, mas a coragem de inserir as próprias conclusões bem investigadas nos debates públicos a respeito dos desafios que a sociedade enfrenta, para prosseguir agindo assim perante a possibilidade de que, por exemplo, o financiamento possa ser retirado, ou que a própria reputação possa ser manchada por outros participantes no debate. Orientar a própria pesquisa em favor dos marginalizados significará abster-se de possibilidades mais lucrativas e poder repreender a ira dos poderosos – este tipo de coragem é necessária para perseverar no caminho.

Não deveríamos subestimar o compromisso exigido dos acadêmicos que querem construir um tipo diferente de universidade. A metáfora religiosa da conversão é aplicável aqui: Se não somos capazes de persuadir-nos com nossas conclusões, quem mais poderia ser persuadido? O modelo da UCA foi elaborado, em grande parte, por religiosos de votos, o que tem várias implicações, tanto profundas quanto práticas. Eles buscavam motivação, inspiração e orientação para seus esforços através de exercícios espirituais, entre outras coisas. O trabalho deles no forjar e no executar o modelo da UCA foi a execução de sua vocação. Eles estavam "inteiramente dentro", completamente comprometidos, dirigindo suas vidas de acordo com as exigências de sua vocação. A UCA era, para cada um deles, o trabalho de sua vida. Aqueles dentre nós que querem continuar a obra deles precisarão estar preparados para também viver vocacionalmente, para permitir que as conclusões de nossa pesquisa orientem inteiramente nossas vidas (não apenas os ensaios que publicamos nos periódicos acadêmicos) e para evangelizar os outros na necessidade de também viver vocacionalmente. É necessário uma evangelização acadêmica para proclamar a nossos colegas a carência e a necessidade de um tipo diferente de universidade.

Por fim, as pessoas que elaboraram o modelo da UCA mantiveram todas as suas posições-chaves de liderança na universidade, desde o conselho de administração até os administradores mais antigos, chefes de departamentos-chaves e diretores de institutos-chaves. De igual modo, ao animar esses grupos e o restante da universidade, eles poderiam recorrer a um século de ensino social católico, ao monumento do Vaticano II e à renovada dedicação da Companhia de Jesus a uma fé que realiza a justiça. Com estes tipos de apoio institucional, poderiam dedicar suas energias a criar *curricula* e agenda de pesquisa, em vez de interminável autojustificação e projetos de avaliação para "provar" o mérito da nova direção. Este aspecto final sugere:

- Talvez, realmente, apenas em universidades americanas muito particulares, principalmente dentre elas, as universidades jesuíticas, seja possível um tipo diferente de universidade. (Espero que não.)

- As universidades jesuíticas americanas têm aqui uma oportunidade de liderança. Se elas, especialmente, mas não apenas suas universidades de ponta, com reputação nacional, moverem-se mais em direção ao modelo da UCA, mais em direção à promoção do estudo acadêmico a serviço das necessidades reais dos marginalizados, mais em direção à adoção e manutenção de práticas que mostrariam a sinceridade e a seriedade de seus esforços, e assumisse comunicar eficazmente à comunidade acadêmica mais ampla que elas estariam fazendo isso e por quê, isto ajudaria a legitimar os esforços em outras universidades.

De modo semelhante, as universidades jesuíticas poderiam fazer parceria com outras universidades interessadas em discussões contínuas acerca do forjar um tipo diferente de universidade, a fim de erigir uma comunidade de estudiosos que quisessem fazer seu trabalho acadêmico dentro do horizonte dos marginalizados e construir os tipos de instituições que possam facilitar tal trabalho.

Dado que, na maior parte das universidades americanas, os que estão interessados no trabalho acadêmico a serviço das necessidades dos marginalizados não controlam seus conselhos de curadores (ou, talvez, sequer tenham representação ali), visto que não estão normalmente nas fileiras dos administradores mais importantes, uma vez que não controlam a tomada e a manutenção das decisões, talvez seja absurdo visar à transformação de universidades inteiras. Talvez o que realmente é possível, hoje, na maioria das universidades americanas, seja a criação de programas dentro da universidade, programas que focalizem o trabalho acadêmico (ensino, pesquisa, extensão) a partir do ponto de vista dos marginalizados.

Ellacuría insistiu em que a universidade não vive para si mesma, mas para o povo[20] e, por extensão, para o bem comum. Há muita pressão sobre acadêmicos nas universidades americanas para cuidar de si mesmos, em vez do bem comum. Precisamos superar o etos superindividualista, autopromocional do intelectual errante *cum* contratante independente. O mercado de trabalho acadêmico superprecário, supercompetitivo e a organização daquele modelo em torno de pesquisas nacionais harmonizam-se para produzir intelectuais que são forçados a empenharem-se em autopromoção infinda durante a primeira década de suas vidas profissionais (desde os últimos anos da pós-graduação, através da decisão de posse) e que, ao mesmo tempo, têm pouca conexão com o conhecimento a respeito das comunidades nas quais findam por ensinar e pesquisar.[21] Este é um imenso impedimento estrutural para forjar uma academia que esteja engajada nos problemas do povo oprimido e seja importante para ele; levanta questões que são ainda mais espinhosas do que aquelas que dizem respeito ao esboço de *curricula* e de programas de pesquisa. O compromisso com a missão da justiça social deveria fazer parte dos critérios usados para as novas contratações, exercício de cargo e promoção de universitários? Se assim for, como este critério adicional se combina com os critérios mais tradicionais de excelência no ensino e na disciplina pessoal? Os tópicos da contratação e da manutenção de cargos constituem as verdadeiras entranhas da universidade. Precisarão ser tratados na formação de uma nova universidade. O tipo de

---

[20] "A UCA não existe nem para si mesma nem para sua faculdade e seus estudantes. Sua ênfase não está dentro de si mesma, nem em seus estudantes, professores, lideranças. É para o povo salvadorenho, que deve ser o centro e a meta definitiva de suas atividades". Ellacuría, Funciones fundamentales de la universidad y su operativización, op. cit., p. 108.

[21] Uma faculdade mais antiga (e administradores da mesma opinião), que é mais sensível aos efeitos degradantes da alma, deveria instituir um processo de limpeza pós-mandato, um longo processo, que visaria levar o pesquisador agora estável para além de si mesmo, para ligá-lo à comunidade, incentivá-lo a focalizar-se, agora, nas necessidades que ultrapassam sua própria carreira, introduzindo-o nas necessidades da comunidade.

compromisso que esta universidade pedirá de seus membros precisará ser estimulado na tomada de decisões, encorajado e direcionado nos primeiros poucos anos do emprego de um novo membro da faculdade, bem como honrado na manutenção de cargos e nas decisões de promoção.

Minicurrículos dos autores

Andrew Prevot é professor associado de teologia do Boston College. Pesquisa espiritualidade, filosofia e teologia política. Publicou: "The Aporia of Race and Identity: J. Kameron Carter and the Future of Black Liberation Theology", em *Religion, Economics, and Culture in Conflict and Conversation*, editado por Laurie Cassidy e Maureen O'Connell (Maryknoll, N.Y.: Orbis, 2011) e "Reversèd Thunder: The Significance of Prayer for Political Theology," em *The Other Journal* 21 (2012).

David Ignatius Gandolfo é catedrático de estudos de pobreza da Furman University, sendo professor associado de filosofia. Ensina ética da globalização, estudos sobre pobreza, filosofia latino-americana e africana. Pesquisa ética econômica, filosofia da libertação, justiça internacional e a responsabilidade da universidade no campo da justiça social.

Francisco de Aquino Júnior é licenciado em filosofia pela Universidade Estadual do Ceará e doutor em teologia pela Universidade de Münster (Alemanha). Professor de teologia da Faculdade Católica de Fortaleza e da Universidade Católica de Pernambuco e presbítero da diocese de Limoeiro do Norte, onde trabalha com a Caritas e com as pastorais e movimentos sociais. Publicou: *A teologia como intelecção do reinado de Deus: o método da teologia da libertação segundo Ignacio Ellacuría* (Loyola) e, por Paulinas: *A dimensão socioestrutural do reinado de Deus: escritos de teologia social* (2011); *Teoria teológica – práxis teologal: sobre o método da teologia da libertação* (2012); e *Viver segundo o espírito de Jesus Cristo. Espiritualidade como seguimento* (2014).

Jon Sobrino, sj, um dos dois sobreviventes da comunidade de mártires da UCA, reside em El Salvador desde 1957. Licenciado em filosofia e mestre em engenharia mecânica (St Louis University), doutor em teologia (Universidad de Frankfurt), diretor do Centro Monseñor Romero e professor de teologia da Universidade Centro-americana "José Simeón Cañas" de San Salvador. Sua cristologia o tornou um dos grandes teólogos da libertação da América Latina. Colaborador e especialista no pensamento de Mons. Oscar Romero e amigo próximo, colaborador e bom conhecedor do pensamento de Ignacio Ellacuría.

Jonas Hagedorn fez estudos avançados de teologia e ciências sociais em Münster (Alemanha), Innsbruck (Áustria) e San Salvador (El Salvador). É bolsista da Cusanuswerk e assistente de pesquisa do Instituto de Ética Social e Teologia da Universidade de Darmstadt. Pesquisa doutrina social da Igreja, política social e teoria do Estado social.

Martin Maier, sj, estudou filosofia e teologia em Innsbruck e San Salvador, e música em Paris. Editor-chefe da revista alemã Stimmen der Zeit (1995-2009). Desde 2009, é reitor do Berchmanskollge de Munique. Professor visitante regular da Universidade Centroamericana "José Simeón Cañas" de San Salvador e do Centre Sèvres de Paris. Autor, entre outros, de *Pedro Arrupe, testigo y profeta* (Sal Terrae, 2008); *Mit Gianni La Bella (Hg.): Pedro Arrupe. Generaloberer der Gesellschaft Jesu. Neue biographische Perspektiven* (Freiburg, 2008); *Oscar Romero. Kämpfer für Glaube und Gerechtigkeit* (Freiburg, 2009), *Oscar Romero. Mística y lucha por la justicia* (Barcelona, 2005); *Der Mensch ist gut, nur die Leute sind schlecht. Mit Karl Valentin Sinn und Wahnsinn des Lebens entschlüsseln* (Freiburg, 2012).

Michael E. Lee é professor associado de teologia sistemática e membro do Instituto de Estudos Latinoamericanos da Universidade Fordham. É presidente da Academy of Catholic Hispanic Theologians of the United States (ACHTUS). É autor de *Bearing the Weight of Salvation: The Soteriology of Ignacio Ellacuría* (2010) e organizador da obra *Ignacio Ellacuría: Essays on History, Liberation and Salvation* (2013).

Robert Lassalle-Klein é professor de estudos religiosos e filosofia na Universidade Holy Names (Oakland, Califórnia). É fundador e atual membro da diretoria da Oakland Catholic Worker, organização que ajuda a famílias imigrantes. Entre suas publicações mais recentes estão: *Blood and Ink: Ignacio Ellacuría, Jon Sobrino and the Jesuit Martyrs of the University of Central America* (2014), *Ignacio Ellacuría's Rahnerian Fundamental Theology for a Global Church* (2013) e a edição de dois volumes: *Jesus of Galilee: Contextual Christology for the Twenty-first Century* (2011) e *Theological Studies*, edição especial sobre o Jesus galileu (primavera, 2009). Tem no prelo *The Spiritual Writings of Jon Sobrino* (Orbis Book) e uma pesquisa para o livro: *Jesus the Immigrant*.

Rodolfo Cardenal, sj, é um dos sobreviventes da comunidade de mártires da UCA. Especialista em teologia da libertação, história da Igreja e história da América Central. Ensina esas disciplinas na Universidade Centroamericana "José Simeón Cañas". Ex-editor da revista *Estudios Centroamericanos*, vice-reitor acadêmico e de projeção social. Autor de *Manual de Historia de Centroamérica* (1996), *El poder eclesiástico en El Salvador, 1871-1931* (1980), e *Historia de una esperanza: vida de Rutilio Grande* (1985).

Sebastian Pittl estudou teologia, filosofia e psicologia em Viena e Madri. É assistente universitário do Departamento de Teologia Sistemática da Universidade de Viena. Pesquisa os estudos latino-americanos de teologia da libertação, diálogo intercultural e inter-religioso e teologia da história. Publicou: *La realidad histórica del pueblo crucificado como lugar de la teología: reflexiones sobre el lugar hermenéutico de la teología en el pensamiento de Ignacio Ellacuría* (Madri: ADG-N Libros, 2013).

Thomas Fornet-Ponse é decano do programa acadêmico alemão de teologia em Jerusalém. Pesquisa teologia e filosofia da libertação, em especial, a de Ignacio Ellacuría, teologia e filosofia intercultural e diálogo ecumênico e inter-religioso. Autor de *Ökumene in drei Dimensionen. Jüdische Anstöße für die innerchristliche Ökumene* (Münster, 2011) e *Freiheit und Befreiung. Untersuchungen zur Kontextualität und Universalität des Philosophierens* (Aachen, 2013).

Impresso na gráfica da
Pia Sociedade Filhas de São Paulo
Via Raposo Tavares, km 19,145
05577-300 - São Paulo, SP - Brasil - 2014